PARÍS
INSÓLITA Y SECRETA

Thomas Jonglez

FOTOGRAFÍAS
Stéphanie Rivoal

EDITORIAL JONGLEZ

Guías de viaje

Thomas Jonglez nació y se crió en París. A los 22 años se marchó a conocer mundo, y pasó casi todo el año 1992 recorriendo sudamérica con su mochila a la espalda. Después, compró un billete de ida a Pekín, regresando a París sin coger un solo avión (en un viaje que duró 7 meses).

A su vuelta, escudriñó las calles de París en busca de material para escribir su primera guía de viajes, que publicó en 1996.

Tras varios años trabajando en la industria siderúrgica, creó su editorial en 2003 y en 2007 publicó la primera edición de la guía *París insólita y secreta*. Desde entonces, pasea regularmente por la capital, sorprendiéndose constantemente de descubrir nuevos lugares secretos en una ciudad que creía conocer tan bien.

Para nosotros ha sido un verdadero placer editar la guía *París insólita y secreta*, y esperamos que les guíe, igual que a nosotros, hacia inusuales, escondidos o poco conocidos lugares de la ciudad.

Esta obra, fruto de más de cinco años de trabajo, es una guía práctica. Todos los lugares mencionados son accesibles y fácilmente localizables en los mapas de los *arrondissements* que introducen cada capítulo.

Algunos lugares están acompañados de recuadros temáticos, que iluminan aspectos históricos, o cuentan anécdotas que permiten comprender la ciudad en toda su complejidad.

París insólita y secreta señala numerosos detalles que están a simple vista en lugares que solemos frecuentar, pero en los que nunca reparamos.

Esta guía es una invitación a observar atentamente el paisaje urbano y, de manera más general, un medio para percibir nuestra ciudad con la curiosidad y atención que mostramos cuando viajamos a otros lugares...

Cualquier comentario sobre la guía o información sobre lugares no mencionados en la misma serán bienvenidos y enriquecerán futuras ediciones.

No duden en escribirnos:
E-mail: info@editorialjonglez.com
Editorial Jonglez
25 rue du Maréchal Foch
78000 Versailles, Francia

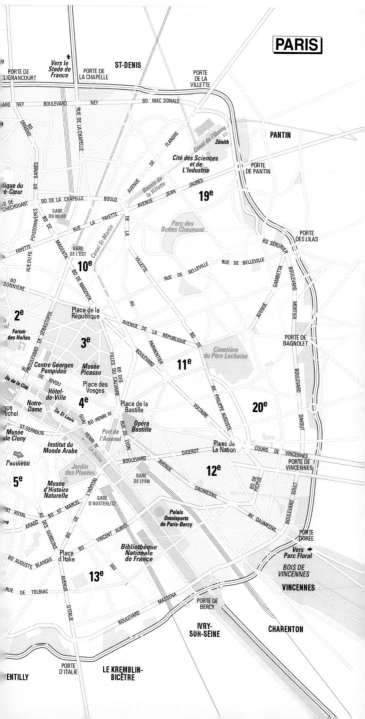

RESUMEN

1° Arrondissement

2° Arrondissement

3° Arrondissement

4° Arrondissement

5° Arrondissement

RESUMEN

6° *Arrondissement*

7° *Arrondissement*

8º Arrondissement

9º Arrondissement

RESUMEN

10° *Arrondissement*

11° *Arrondissement*

12° *Arrondissement*

13° Arrondissement

14° Arrondissement

15° Arrondissement

RESUMEN

16° Arrondissement

17° Arrondissement

18° Arrondissement

19° Arrondissement

20° Arrondissement

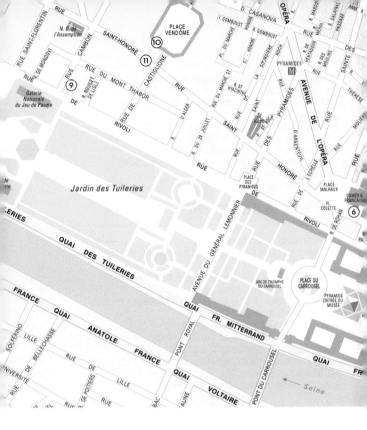

1º Arrondissement

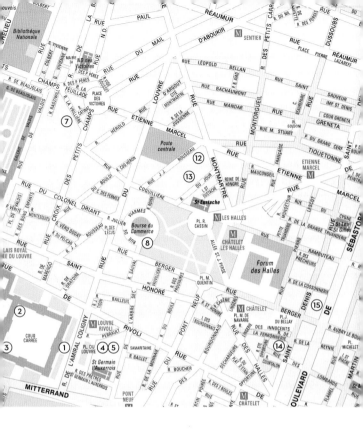

¿Corazones humanos en las pinturas del Louvre?

En 1950, Y. Ranc relató en un artículo publicado en Paris Presse una sorprendente historia que circuló en París a principios del siglo XX. Antiguamente, algunos pintores afirmaban que el corazón humano poseía una particularidad con respecto al de otros animales: segregaba una materia orgánica llamada 'mumie' que, mezclada con aceite, daba a las pinturas una veladura única. Hasta el siglo XVIII fue difícil conseguir este inusual material: los cadáveres venían de Oriente y el precio de la correcta extracción y conservación de la 'mumie' era muy elevado. En Francia, desde el siglo XVII, era costumbre depositar los corazones de la realeza en la capilla de Val-de-Grâce. Durante la Revolución Francesa, los *sans-coulottes* dispersaron los bienes de la corona, entre ellos los corazones embalsamados, que fueron comprados por los artistas. Fue así como el pintor Drolling se vio en posesión de los corazones de Ana de Austria, de María Teresa y de la Duquesa de Montpensier. Su obra *Intérieur de Cuisine*, conservado en el Louvre, podría tener aún hoy restos de órganos reales impregnados en el lienzo. Aunque es una anécdota interesante, la hipótesis no ha sido corroborada por los análisis científicos de las obras.

¿Por qué el eje del oratorio del Louvre pasa por el centro de la Cour Carrée (patio cuadrado)?

A comienzos del siglo XVII, Luis XIII se dio cuenta de que el Louvre, aún en construcción, no tenía capilla y propuso utilizar la iglesia que Jacques Lemercier estaba construyendo para la Orden del Oratorio. Finalmente, esto nunca ocurrió. Napoleón convirtió la capilla en un templo protestante, pero tanto su nombre (Templo del Oratorio) como su orientación, recuerdan el vínculo histórico que tuvo con el Louvre.

El Louvre descentrado del eje

La perspectiva del Louvre a los Campos Elíseos, y del Arco de la Defensa a Cergy-Pontoise no es recta. El Louvre, paralelo al Sena, está en realidad desviado unos grados con relación al eje de los Campos Elíseos. Para encontrar el eje perfecto hay que ubicarse a unos metros de la pirámide próxima a la estatua de Luis XIV. Esta, copia de una obra de Bernini, fue encargada en 1988 durante la reforma del Louvre y alineada con los Campos Elíseos. Se puso a Luis XIV aquí por ser quien inició esta perspectiva.

UN CURIOSO RETRATO DE NAPOLEÓN ①

¡Napoleón disfrazado de Luis XIV!

Museo del Louvre - Columnata de Perrault

La columnata de Perrault, realizada durante el reinado de Luis XIV, presenta un detalle curioso.

Aunque durante su reinado, Napoleón hizo esculpir su imagen en el centro de la columnata, con la restauración monárquica (1814/1815-1830) se intentó disfrazar este legado añadiendo al busto una peluca para que se pareciera a Luis XIV.

Justo debajo, la letra L, que en 1815 reemplazó a la N de Napoleón I, hace referencia a Luis XVIII (sobre los monogramas del Louvre, véase la página 20). Pero bajo el medallón donde figura la letra, aún pueden verse unas abejas, uno de los principales símbolos del Primer Imperio: ¿el escultor se negaría a borrarlas por pereza o como subversión?

Tras las huellas de Napoleón en París

Aunque Napoleón Bonaparte es un personaje fundamental en la historia de Francia y de Europa, en París no es muy popular. Prueba de ello es que en 1814, la rue Napoléon pasó a llamarse rue de la Paix, en 1870 el Pont Napoléon cambió su nombre por el de Pont National, y la avenue Napoléon se convirtió en avenue de l'Opéra. La avenue Joséphine es ahora la avenue Marceau, y la avenue du Roi-de-Rome, la avenue Kléber.

Le proponemos sin embargo un recorrido por las huellas del emperador en la ciudad, además de la epónima rue **Bonaparte**. En la place de l'Étoile, que conmemora la victoria sobre el Imperio alemán en 1918, el **Arco del Triunfo** (Chalgrin, 1806-36) es un punto fundamental de la capital napoleónica. La fachada que da a los Campos Elíseos representa la apoteosis de 1810 (año de la unión de Roma al Imperio napoleónico). Una estatua muestra al emperador francés semidesnudo, con el aspecto de un héroe grecorromano (Cortot, 1836). Al otro lado del arco, hacia Neuilly, la avenue de la **Grande-Armée** evoca las tropas que se reunieron en Boulogne para invadir Inglaterra, su giro acrobático hacia el este y la victoria de **Austerlitz** (2 de diciembre de 1805). La place de l'Etoile linda con las calles de **Presbourg** (donde fue firmado el tratado en 1805 con Austria) y de **Tilsitt** (que conmemora la paz con Rusia y Prusia en 1807). De l'Etoile hacia el Sena, la avenue d'**Iéna** (victoria sobre Prusia en 1805) conduce al puente del mismo nombre (de 1807). Lo decoran varias águilas imperiales (Barye, siglo XIX). Las avenidas de **Wagram** y **Friedland** también conmemoran dos victorias napoleónicas. Hacia la Concordia, los Campos Elíseos son **La Voie Triomphale** que lleva a los Inválidos. Este hospital, construido por Luis XIV para los veteranos de su ejército, alberga la tumba de Napoleón en la Iglesia del Dôme, obra de Jules Hardouin-Mansart.

En la Concordia, el **Palacio Bourbon** (columnata de Poyet, 1806), actual sede de la Cámara de los Diputados, fue bajo el reinado de Napoleón el **Corps Législatif**. Más allá, la actual iglesia de la **Madeleine** (Vignon, 1810-24) fue inicialmente el «Templo de la Gloria» para Napoleón, quien quiso que los dos edificios, con unas columnatas muy similares, estuvieran uno frente al otro. Desde la Concordia, la rue de **Rivoli** (victoria de Bonaparte en Italia en 1797), cuya construcción se inició en 1802, se dirige hacia el este junto con la rue de **Castiglione** (que conmemora la victoria de 1796; inaugurada en 1802) y la rue de **Mont-Thabor** (que apela a la victoria de 1796; inaugurada en 1803), antes de desembocar en la rue y la place des **Pyramides** (referencia a la primera victoria en la campaña de Egipto, 1798). La rue de Castiglione lleva a la plaza **Vendôme**, donde se alza

la columna homónima, el más célebre de los monumentos napoleóni-
cos de París. Inicialmente, la columna debía sostener una estatua de
Carlomagno, pero Napoleón se dejó convencer de que debía ser él
quien figurara sobre el pedestal. Las placas que decoran su fuste se
inspiraron en la columna Trajana de Roma y se realizaron con bronce
fundido de los cañones rusos y austríacos.

La **verja** que separa la rue de Rivoli del **jardin des Tuileries** fue realizada durante el periodo napoleónico con el objetivo de dejar a la vista
un antiguo parque que había permanecido oculto tras los muros y
las alambradas del lado norte. Partiendo de la **place des Pyramides**
hacia el este, la rue de Rivoli bordea el ala norte del palacio del Louvre.
Concebida en el siglo XVII por los arquitectos reales, fue finalmente
realizada por Percier y Fontaine siguiendo los deseos del emperador.
Con la caída del imperio napoleónico sólo se realizó la parte del proyecto que llega hasta las «taquillas» y que ahora permite a los motoristas
cruzar el Louvre hacia el Sena. En el patio se alza el **Arco del Triunfo
del Carrousel**, erigido por los mismos arquitectos en tan sólo un año
(1806-1807) para celebrar la Victoria de Austerlitz (1805) y la Paz de
Presbourg. Las ocho estatuas que coronan este monumento, inspiradas en el Arco Septimio Severo de Roma, muestran a los soldados uniforma-
dos de la Armada Imperial. **El palacio del Louvre, cuyo ala oeste
fue acabado por Napoleón III**, contiene un gran número de «N»,
monograma que representaba a este soberano y a su tío, que fue modelo
de dos bustos (ver más abajo). Un poco más al este, en el centro de la
place du Châtelet, la **fuente del Palmier** (1808) celebra las victorias
del Emperador y la inmortalidad de su gloria (la estatua es de Bizot).

A cierta distancia de aquí, cerca de la actual Péripherique,
se encuentran los bulevares de
los **Maréchaux**, los cuales to-
man su nombre de los generales de Napoleón I. Están todos
representados, a excepción de
Grouchy y Marmont, cuyas
debilidades, e incluso traición,
Bonaparte se negó a perdo-
nar. Duroc tampoco está ahí.
Aunque murió en combate,
solamente era un "mariscal de
palacio", es decir encargado de
los palacios imperiales. La **egip-
tomanía** de la era consular e
imperial se explica en la página 47.

MONOGRAMAS REALES OCULTOS EN EL PATIO DEL LOUVRE

Los secretos de la Cour Carrée

Cour Carrée du Louvre

El Louvre en general, y la Cour Carrée en particular, esconden apasionantes detalles que le permitirán impresionar a su pareja... ¡o a su nueva amistad parisina! Instrucciones: siéntese en la fuente del patio, preferiblemente por la tarde, cuando la oscuridad y la soberbia iluminación convierten este lugar en uno de los más asombrosos de la capital. En cada ala del patio están inscritas las iniciales de los soberanos que las construyeron.

Del lado de la pirámide, a la izquierda del Pabellón del Reloj: Enrique II (se ven dos H entrelazadas por la doble C de Catalina de Médici, monograma que se podría confundir fácilmente con una doble D, de Diana de Poitiers, su amante).

Del lado del Sena, en la parte derecha: K de Carlos IX, H de Enrique III, HDB (Enrique de Borbón) por Enrique IV, y HG, de Enrique IV y Gabriela d'Estrées, su amante.

En el pabellón del Reloj, a la derecha: L y LA por Luis XIII y su mujer Ana de Austria.

En las otras alas, construidas por Luis XIV, se puede leer: LMT (Luis y María Teresa, la reina) y LB (Luis de Borbón).

Fuera del patio, estos monogramas se encuentran a intervalos regulares en las fachadas y tienen los mismos significados.

QUÉ VER EN LOS ALREDEDORES

Las huellas del emplazamiento del antiguo torreón de Carlos V ③

En la Cour Carrée, unas rejas en el suelo y un círculo dibujado sobre el pavimento marcan los contornos del emplazamiento del antiguo torreón del rey Carlos V. La visita al ala Sully permite ver la base de este torreón y la Sala de Maquetas, abierta únicamente los fines de semana, en la que podemos ver las diferentes etapas de la construcción del Louvre.

LA BOLA DE RATAS DE SAINT-GERMAIN-L'AUXERROIS

Una bola enigmática

2, place du Louvre
01 42 60 13 96
saintgermainlauxerrois.fr
Todos los días de 9 a 19 h

Justo frente al Louvre, en la fachada de la iglesia Saint-Germain l'Auxerrois, debajo de la gárgola central hay una bola de ratas enigmática. En esta, a diferencia de otras que existen en Francia, las ratas, vigiladas por un gato demoníaco, parecen salir de la bola en vez de estar atrapadas en su

interior. Aún hoy no hay consenso sobre su significado. ¿Significará que la Iglesia es el único remedio contra las miserias del mundo, representadas por las ratas y la esfera, respectivamente? La historia de Saint-Germain l'Auxerrois, que fue parroquia de los reyes de Francia, se remonta al siglo VII. Saqueada por los normandos y reconstruida entre los siglos XII y XVI, sólo conserva de esta época la torre románica del siglo XII, un soberbio pórtico, el coro y la capilla de la Virgen, del siglo XIII. En el interior, posee magníficas vidrieras del siglo XV, una escultura en madera de Saint Germain, otra en piedra de Saint Vincent y un bello retablo tallado en madera.

Las cuatro bolas de ratas que existen en Francia

Existen otras tres bolas de ratas en Francia además de la de París (véase *Secret Provence* de esta colección). Una de ellas se encuentra en la Catedral de Saint-Siffrein, en Carpentras, otra en la Catedral de Le Mans, y la última en la iglesia de Saint-Jacques de Meulan, en el cantón de Yvelines.

Las cenizas de los artistas

Una discreta placa, fijada en el sexto pilar a la derecha dentro de la iglesia, lleva esta inscripción:

«En esta iglesia, siguiendo los deseos de Willette, ejecutados por Pierre Regnault, los artistas de París, en solidaridad con sus camaradas del mundo entero, vienen cada año, desde el Miércoles de Ceniza de 1926, a recibir las cenizas y rezar por aquellos que han de morir durante el año en curso».

Éste es el legado del pintor y dibujante Adolphe Willette (1857-1929). Aún hoy en día se respeta este voto y la oración suele leerse por un artista conocido.

EL AYUNTAMIENTO DEL 1° *ARRONDISSEMENT*

¿Ayuntamiento o iglesia?

4, place du Louvre
01 44 50 75 01
Lunes a viernes: 8:30 a 17 h; jueves hasta las 19:30 h; sábado de 9 a 12:30 h

Pasando junto a Saint-Germain-l'Auxerrois, el visitante no puede pasar por alto el Ayuntamiento del I Distrito, que guarda cierta simetría con la iglesia.

Fue construido en 1858 por orden del barón Haussmann, que deseaba que este guardara cierto parecido con la iglesia vecina, sin llegar a copiar sus formas y detalles. Este magnífico Hôtel de Ville renacentista es obra de Jacques Ignace Hittorff (1792-1867), el mismo que diseñó la Estación del Norte.

Campanario de Saint-Germain-l'Auxerrois

Esta iglesia también se relaciona con un sangriento episodio de la historia de Francia. Fue su campana, donada por Francisco I en 1527, la que repicó para dar inicio a la Masacre de San Bartolomé (masacre de los protestantes de París a manos de los católicos el 24 de agosto de 1572).

VISITA A LA COMÉDIE-FRANÇAISE ⑥

Tras el telón de la Comédie Française: Delacroix, Renoir...

1, place Colette
comedie-francaise.fr
Particulares: visitas guiadas con cita previa (online) sábado y domingo a las 11 h (niños a partir de 10 años; la visita dura 2 horas aprox)
Grupos: visitas guiadas sábado y domingo, comienza entre as 9:30 y las 10:30 h
Máximo 30 personas mayores de 12 años
Reservar con 2 meses de antelación por correo o en el contestador automático: 01 44 58 13 16
bibliotheque-musee@comedie-francaise.org
Metro: Palais Royal-Musée du Louvre

Desconocido para la mayoría de los parisinos, el Museo de la Comédie-Française es una excelente forma de acceder a las áreas restringidas de esta institución teatral. La visita guiada comprende los espacios accesibles a los espectadores durante las representaciones (vestíbulo, escalinata, salón, galerías y sala), pero también las zonas privadas. El visitante podrá ver la Sala del Comité, el Salón de los Artistas y el Salón La Grange, donde se exhiben varias obras de arte insospechadas. A la entrada, Talma*, inmortalizado por David d'Angers, recibe a los visitantes, que luego son encaminados hacia la escalera que conduce a las oficinas administrativas, donde se encuentran los bustos de Molière, Corneille y Racine lustrados por las manos supersticiosas de los actores. En cada uno de los pisos –bautizados con nombres de artistas– hay varias obras maestras: un retrato de Molière pintado por Mignard, otro de Talma pintado por Delacroix y, en la Sala del Comité, un Renoir. Una galería de bustos representa a los grandes autores del siglo XVIII junto a un pasillo cubierto de bocetos de Lucien Jonas. El techo de la sala de entreactos (visible durante las representaciones) está decorado con pinturas de Guillaume Dubufe. Bajo ellas hay un busto de Voltaire, esculpido en mármol por Houdon. La pieza principal de la colección de la Société des Comédiens-Français (de la que sólo el 20 % está expuesta) es el sillón que Molière pidió prestado a su tío enfermo. La leyenda cuenta que el dramaturgo murió sentado en él en 1673, mientras interpretaba el papel de Argan. En homenaje al «Patrón de los comediantes», la Sala Richelieu, construida por Victor Louis entre 1786 y 1790, es comúnmente llamada la Casa de Molière.

*Gran figura del teatro francés que impulsó la moda del disfraz, pues antes los comediantes interpretaban en ropa de calle. Fue el actor favorito de Napoleón, razón por la que la Comédie-Française se ubica en la Place Colette.

LA GALERÍA DORADA
DEL BANCO DE FRANCIA

Un raro ejemplo del estilo Regencia

2, rue Radziwill
Cita previa solo el sábado a las 10:30 h
Particulares: visitas organizadas por el Centro de Monumentos Nacionales
(aproximadamente 5 al año)
Programación en banque-france.fr (Organización/Historia/Galería
Fotográfica) o en monum.fr (Actualidad/ Visitas-conferencias/Programa)
Inscripciones un mes antes en el Centro según las condiciones indicadas
Grupos: escribir a PHAR - 19-2205-Banque de France, 75049 Paris Cedex 01
Metro: Bourse

L a visita organizada ofrece el privilegio de admirar la magnífica Galería Dorada del Hôtel de Toulouse, sede del Banco de Francia. El edificio, tal como se ve hoy en día, es el fruto de numerosas modificaciones y de la anexión de varias casas vecinas a la estructura original. Las maquetas expuestas a la entrada de la Galería Dorada dan una idea precisa de las obras realizadas a lo largo de los años. En 1635, el Señor de La Vrillière, Louis Phélipeaux, adquirió un pequeño terreno que Richelieu había dejado vacante. En él decidió edificar, bajo la dirección de François Mansart, una residencia urbana. Una de sus estancias, la Gran Galería, cubierta de estucos blancos y de dimensiones imponentes (40 m de largo por 6,50 m

de ancho), serviría de sala de exposiciones para su excepcional colección de pinturas italianas. En 1713, el Conde de Toulouse adquirió la residencia, que fue rebautizada con el nombre de Hôtel de Toulouse. El nuevo propietario, hijo ilegítimo de Luis XIV y de Mme. de Montespan, pidió a Robert de Cotte, primer arquitecto del Rey, que convirtiera el lugar en una residencia principesca. Al más puro estilo Regencia, el oro invadió la Gran Galería y sus elementos decorativos fueron actualizados para ilustrar los temas que más gustaban al Conde de Toulouse: la caza y el mar. En 1793, tras la Revolución, la propiedad fue declarada patrimonio nacional y las obras fueron repartidas por diferentes museos (aún se pueden ver en el Louvre un cuadro de El Veronés y otro de Poussin). La Galería Dorada sirvió a partir de entonces como almacén de papel de la Imprenta Nacional. El Banco de Francia adquirió la residencia en 1808 y en 1870 se tuvo que realizar una restauración integral. Los frescos de la bóveda fueron entonces copiados, y la madera tallada en estilo Regencia reintegrada en la decoración. Hoy en día, el efecto es perfecto y la galería, iluminada por sus enormes ventanales, es impresionante.

La expresión «Tenir le haut du pavé»

La expresión «mantenerse en lo alto del pavimento» (considerarse superior) viene de la época en que las aceras no eran habituales y por el centro de la calle corría un riachuelo de agua sucia. Los adinerados caminaban por la acera, donde no había aguas residuales.

LA COLUMNA MÉDICI

Las predicciones del astrólogo

Rue de Viarmes
Metro: Louvre-Rivoli o Les Halles

Veüe de l'Hostel de Soissons bati par Catherine de Médicis, et conduit par Iean Bullant Architecte du Roy.

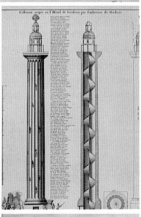

A pesar de sus 28 metros de altura, muchos parisinos no se han fijado nunca en la misteriosa columna que se eleva cerca de Les Halles, justo enfrente de la Bolsa de Comercio. Su historia es intrigante: la reina Catalina de Médici, apasionada de la astrología, se la encargó a su arquitecto Jean Bullant hacia 1575, unos años después de que se construyera el Hôtel de la Reina, su suntuosa residencia.

La torre acanalada, sobre la que reposa una plataforma a la que se accede por una escalera en espiral de 147 escalones, anteriormente cubierta con un techo de cristal (del que sólo queda la estructura de hierro), comunicaba con los aposentos de la reina. Esta columna, que no aparece mencionada en los planes de la construcción de la residencia, tuvo, según algunos, una función conmemorativa: los monogramas entrelazados del rey Enrique II (Henri II) y de Catalina de Médici (H y C), podrían ser un homenaje al Rey, asesinado en las condiciones predichas por Nostradamus.

Para muchos, sin embargo, se trata en realidad de un testimonio de la obsesión de la reina por la astrología. Tras la predicción de Nostradamus, y el regreso de éste a la Provenza, Catalina de Médici habría mandado construir la columna como observatorio y laboratorio de experimentos

para Cosimo Ruggieri, su astrónomo, mago y confidente de la infancia. Este misterioso personaje fue quien predijo la muerte de su benefactora. Los cuatro ángulos del capitel de la columna están orientados hacia los cuatro puntos cardinales. Es casi un milagro que esta columna haya sobrevivido a la destrucción del palacio en 1748 y a la construcción de la actual Bolsa de Comercio.

¿Dónde y cuándo nació realmente Molière?

Las placas del número 31 de rue du Pont-Neuf y del 98 de rue Saint-Honoré se contradicen: la primera afirma que Molière habría nacido en ese lugar en 1620, y la segunda que fue el 15 de enero de 1622 en esta otra dirección.

Los expertos parecen inclinarse por esta última. La Fuente de Molière, en el 37 de la rue Richelieu, fue la primera estatua de París en conmemorar a alguien que no era rey.

EL CÍRCULO SUECO

Un círculo explosivo

242, rue de Rivoli
01 42 60 76 67
cercle-suedois.com
Miércoles 18:30-23:30
Metro: Concorde

Cerca de la Concordia, el muy discreto y chic Círculo Sueco –fundado en 1891–, alberga una sala histórica. Fue aquí donde Alfred

Nobel, inventor de la dinamita, redactó el 27 de noviembre de 1895 su explosivo testamento, por el que se fundó el Premio Nobel. Su escritorio aún está ahí y se puede admirar dos tardes al mes. La visita también

sirve de excusa para tomar una copa en los bellos salones del Círculo, que dan hacia el Jardín de las Tullerías (véase *Secret Bars & Restaurants in Paris*, de la misma editorial). La atmósfera, donde el tiempo se ha detenido, es una delicia para los estetas y para quienes aprecien los ambientes un tanto anticuados. Varios cuadros de artistas suecos (Zorn, Grünewald, Dardel y Lennart Jirlow, entre otros) adornan las paredes.

QUÉ VER EN LOS ALREDEDORES
El metro patrón del número 13 de la place Vendôme ⑩

El metro patrón de la place Vendôme, a la izquierda del Ministerio de Justicia, al igual que el de la rue de Vaugirard, ayudó a los franceses a familiarizarse con esta nueva unidad de medida impuesta durante la Revolución (véase página 118). A diferencia del de la rue de Vaugirard, este metro patrón no se encuentra en su lugar original; fue traído aquí en 1848.

La placa de la Embajada de Texas ⑪

En la esquina de la rue Castiglione y de la place Vendôme, una placa señala el emplazamiento de la Embajada de Texas (¡!), abierta en París en el siglo XIX. Muchos han olvidado que Texas se independizó de México en 1836 y que fue una república independiente hasta 1845, fecha en la que se anexionó a los Estados Unidos.

Balcones de la place Vendôme en homenaje a Luis XIV

A ambos lados de la columna, los balcones de la place Vendôme son un himno a la gloria de Luis XIV. Su decoración, una alegoría de soles recubiertos de pan de oro, hacen referencia evidente al soberano, conocido como el Rey Sol. Anteriormente, la plaza se llamó place des Conquêtes o place Louis-le-Grand, en homenaje a Luis XIV. En el centro de la plaza había una estatua ecuestre del rey, esculpida por Girardon. Inaugurada en 1699, fue demolida durante la Revolución.

QUÉ VER EN LOS ALREDEDORES

◀ *Los azulejos del restaurante Le Cochon à l'Oreille*

15, rue Montmartre - 01 40 15 98 24 - Todos los días 9 a 23:30 h excepto el domingo - Cocina francesa tradicional

Soberbia decoración de azulejos de 1914 con motivos de Les Halles (el antiguo mercado central), que estaba a pocos pasos. (Véase la guía *Secret Bars & Restaurants in Paris*, de la misma editorial.)

El origen de los nichos semicirculares del Pont-Neuf

Acabado en 1604, el Pont-Neuf es uno de los puentes más antiguos de París. Cuando fue construido tenía tres características novedosas: había aceras (que no se generalizaron hasta el siglo XIX), estaba decorado con 384 mascarones (máscaras grotescas que adornaban sus cornisas), y no había casas construidas sobre la vía, con excepción de las tiendas, que fueron instaladas en los semicírculos que aún hoy pueden verse.

El Museo du Barreau o Colegio de abogados de París

Hôtel de la Porte, 25, rue du Jour
01 44 32 47 48
Visita gratuita exclusivamente durante los fines de semana y para grupos
Cita previa con el conservador, en el 01 47 85 50 03

La bella residencia urbana de la Porte alberga el pequeño Museo du Barreau de Paris, desconocido para la mayoría de los parisinos. El museo posee, sin embargo, una rica colección sobre los hombres y los litigios que han marcado la historia de la justicia desde el siglo XVII.

El asesinato de Enrique IV a manos de Ravaillac

11, rue de la Ferronnerie
Una placa en el suelo, con una flor de lis, indica el lugar del asesinato de Enrique IV en 1610, a manos de Ravaillac.

El elefante del número 3 de la rue de la Cossonnerie

La parte superior de esta fachada presenta una bella cabeza de elefante, muy probablemente de influencia islámica india (véase página 107).

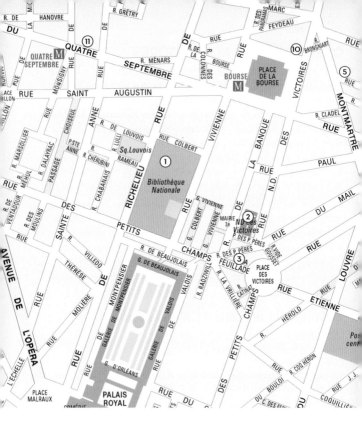

2° Arrondissement

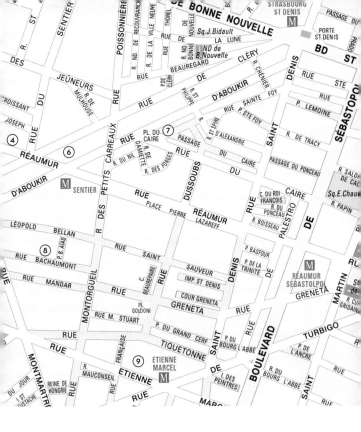

LOS SECRETOS DE LA BIBLIOTECA NACIONAL DE FRANCIA

Espectaculares salas desconocidas

58, rue de Richelieu
01 53 79 59 59 - bnf.fr
Visitas guiadas para particulares: jueves 9:30 y 15:30 h, sábado 17:30 h
Requiere inscripción en el teléfono 01 53 79 49 49 o por email a: visites@bnf.fr
Cerrado domingo, lunes, festivos y del 1 al 8 de septiembre
Acceso a salas de lectura solo con acreditación (se puede obtener en la web) –
La Sala Labrouste es exclusiva para investigadores durante el día y accesible
solo durante las visitas de las 9 y 17:30 h
Metro: Pyramides, Bourse o Palais-Royal-Musée du Louvre

Aunque las exposiciones temporales organizadas por la Biblioteca Nacional y por el Museo de Monedas, Medallas y Antigüedades son muy conocidas entre los parisinos, muchos ignoran que, el primer martes de cada mes, una apasionante visita guiada permite descubrir algunas de las salas habitualmente reservadas a los investigadores o a las personas acreditadas. La célebre sala de lectura Labrouste es impresionante. Dieciséis columnas de hierro fundido, cada una de 10 metros de altura, sostienen nueve cúpulas de cerámica esmaltada translúcidas. Aunque este espacio fue desocupado tras el traslado del material bibliográfico a la Biblioteca François-Mitterrand, aún se siente el olor de los libros. Durante la visita se pueden admirar las salas del Departamento de Artes Escénicas, entre ella la Rotunda, una nueva exposición de los artefactos más bellos de la colección del departamento. Asimismo, la decoración en madera de tonos suaves y con muebles elegantes de la nueva sala de lectura le dan un toque moderno.

Un itinerario cubierto para los días lluviosos

La razón principal por la cual, desde la Revolución hasta el Segundo Imperio, estuvieron de moda los pasajes cubiertos, es que hasta el siglo XIX no hubo aceras, por lo que en caso de lluvia, las calles se enfangaban rápidamente. La construcción de pasajes remediaba este problema y hacía posible el pasear sin mojarse. Aún hoy, los parisinos que olvidan su paraguas pueden utilizar los pasajes. Partiendo del Louvre, se puede llegar hasta la rue de Provence y la rue Cadet protegido de la lluvia tomando Palais-Royal, la rue des Colonnes (cubierta) y los passages des Panoramas, Jouffroy y Verdeau. El número 47 del passage des Panoramas es la Maison Stern (imprenta y grabador), una bonita tienda intacta desde 1830.

LOS EXVOTOS DE LA BASÍLICA NOTRE-DAME-DES-VICTOIRES

Más de 37 000 exvotos cubren los muros y los techos de la basílica

Place des Petits-Pères
6, rue Notre-Dame-des-Victoires
01 42 60 90 47
Lunes a sábado 7:30 a 19:30 h y domingo 8:30 a 20 h
Misa: lunes a viernes 12:15 (única en verano) y 19 h: jueves 14:30 h; sábado
18 h y domingo 11 y 18 h
Metro: Bourse

De manera insospechada, la basílica Notre-Dame-des-Victoires posee una colección única de más de 37 000 exvotos colgados en sus paredes. El ambiente de recogimiento que reina en el lugar, y las expresiones de gratitud de estas miles de placas de mármol, impresionan y conmueven al visitante, incluso a los que nos son creyentes. Tómese su tiempo para detallar estos testimonios; algunos de ellos son particularmente desgarradores.

Fundada en 1629 por Luis XIII por petición de los Agustinos –conocidos como los «Petits Pères»–, la basílica fue bautizada Notre-Dame-des- Victoires en agradecimiento a la victoria de las tropas reales contra los hugonotes en La Rochelle. El rey atribuyó esta victoria a la oración y a la intervención de la Virgen. Tan pronto la iglesia fue fundada, en la capilla del convento se instaló una estatua de la Virgen María que suscitó gran devoción por parte de los fieles. En 1836, cuando empezó a disminuir la afluencia de peregrinos a la parroquia, su clérigo, el abad Desegenettes, oyó dos veces la siguiente orden: «Consagra tu parroquia al Muy Santo e Inmaculado Corazón de María». El abad creo rápidamente una asociación de oración en honor al Corazón Inmaculado de la Muy Santa Virgen, que multiplicó el número de fieles y de conversiones. Mediante este acto, el abad convirtió su iglesia en «un gran himno al amor».

QUÉ VER EN LOS ALREDEDORES
Los trampantojos del lateral de la Place des Petits-Pères ③

Las ventanas del banco ubicado al lado de la Place des Petits-Pères son solamente trampantojos.

FACHADAS DE LA RUE RÉAUMUR ④

El primer premio del concurso de fachadas de 1897-98

116, 118, 124, 126 and 134, rue Réaumur
Metro: Bourse o Sentier

La rue Réaumur es una sucesión de altos y sofisticados edificios, construidos a principios del siglo XX para las imprentas y los fabricantes de textiles. Fue abierta en los 1895-96 entre las rues Saint-Denis y Notre-Dame-des-Victoires.

Inaugurada en 1897 por Félix Faure, esta calle exhibe numerosas fachadas decorativas que reflejan las reglas urbanísticas de finales del siglo XIX (permiso para instalar miradores y voladizos). Los arquitectos utilizaron estructuras metálicas escondidas en las fachadas de piedra, en las que implantaban grandes ventanales que dejaban pasar la luz natural necesaria para las actividades comerciales. Muchas de estas fachadas fueron premiadas en el concurso anual de arquitectura instituido en 1897-98.

Preste especial atención al número 116 (construido por Walwein y ganador de la medalla de oro en 1897), al número 118 (edificado por Montarnal de inspiración *art nouveau* y premiado en 1900), y a los números 126 y 134. Vale la pena detenerse ante el número 124: construido en 1905 por el arquitecto Georges Chedanne, difiere de sus otras obras. La estructura metálica del edificio forma parte de la fachada (se pueden ver las vigas de acero que sostienen las ventanas-miradores metálicas), sin alterar en absoluto la delicadeza del estilo *art nouveau* del conjunto.

QUÉ VER EN LOS ALREDEDORES
Le Bistrot du Croissant: el asesinato de Jaurès ⑤
146, rue Montmartre - 01 42 33 35 04
Lunes de 9 a 01 h, martes a jueves de 9 a 01:30 h, sábado 16 a 01:30 h y domingo cerrado
Tal como anuncia el escaparate, el Bistrot du Croissant es un lugar histórico: fue ahí donde el político socialista francés Jean Jaurès fue asesinado el 31 de julio de 1914. En el interior hay un mosaico, una pequeña estatua del héroe y algunos recortes de prensa que recuerdan el episodio. La mesa en la que le gustaba instalarse también ha sido conservada. Los camareros pueden mostrarle la mancha de sangre que, a pesar del tiempo, aún se ve en la madera de la misma. Jaurès se habría levantado de la mesa para derrumbarse unos metros más allá, junto al mosaico.

Las murallas de Carlos V (1356-1420)
y los Fosos Amarillos (1543-1640)

Ante la victoria inglesa en Poitiers (1356) y la amenaza de un ataque contra París, Étienne Marcel, preboste de los comerciantes, decidió mejorar la defensa de la ciudad. La utilización del fuego de artillería en el siglo XIV cambió las reglas del juego: como era muy costoso construir muros de 30 m (altura que alcanzaban las balas de cañón) se optó por las fortificaciones. La muralla de Carlos V se extendía 87 m y tenía un terraplén de 30 m de ancho en la base y 3 m de altura. Sobre ella había un muro de 6 m de alto y 2 de grosor. En 1529, Françisco I construyó una muralla con bastiones. Al este y al sur, éstos fueron ubicados a lo largo del muro de Carlos V, aprovechando, siempre que era posible, las «voiries» o amontonamientos de desechos depositados por los habitantes a lo largo de 150 o 200 años. Estas pilas eran más altas que la propia muralla, lo cual la ponía en peligro. Al oeste se construyeron los *Fossés Jaunes* (Fosos Amarillos) debido al color de la tierra. Éstos iban desde la Plaza de la Concordia actual (lado este) hasta la Puerta Saint-Denis, confinando a 300 000 habitantes en un área de 1000 hectáreas. Además de los restos presentes en los alrededores del distrito del Sentier (véase la página siguiente), hay otros vestigios de las dos murallas:
- Escarpa y contraescarpa de la muralla de Carlos V: place du Carrousel, en el Louvre.
- Bastión nº1 de las Tullerías: sótano del Museo de l'Orangerie (*Fossés Jaunes*).
- Restos de contraescarpa en la estación de metro Bastille, en dirección a Bobigny, línea 5 (andén y pasillo de acceso).

NB: existen otros dos vestigios no visibles: en el subsuelo del 39 de rue Cambon y en el sótano de la Biblioteca del Arsenal.

**PERÍMETRO DE LA MURALLA DE CARLOS V
Y DE LA MURALLA FOSSÉS JAUNES**

La Bastille

★ Abierto al público
★ Cerrado al público
── Perímetro de los *Fossés jaunes*
── Perímetro de la muralla de Carlos V

DESNIVELES DEL TERRENO ⑥ ALREDEDOR DEL SENTIER

Vestigios de la muralla de Carlos V

Passage Sainte-Foy
Rues de Cléry y d'Aboukir
Grands Boulevards
Metro: Sentier

Algunos detalles topográficos del distrito del Sentier son un interesante testimonio de la cuarta y la quinta murallas de París, de los siglos XIV y XVII. Se trata de las murallas de Carlos V y de aquella conocida como *Fossés Jaunes* (Fosos Amarillos). Ambas utilizaron terraplenes y fosos que provocaron sorprendentes desniveles del terreno.

Partiendo de la rue Sainte-Foy, el Passage Sainte-Foy conduce al nº 263 de la rue Saint-Denis por una empinada escalera que compensa el desnivel con respecto a la rue Saint-Denis provocado por el terraplén sobre el que estaba construida la muralla de Carlos V.

La línea de las rues de Cléry y d'Aboukir también son indicios evidentes: la rue de Cléry, más elevada, fue construida sobre la contraescarpa de la muralla, mientras que la rue d'Aboukir coincide con el foso construido junto a ella.

Los Grands Boulevards, especialmente los de Saint-Martin, Saint-Denis, Bonne-Nouvelle y Poissonnière, también fueron construidos sobre la muralla. Su calzada sube y baja con frecuencia sin razón aparente, mientras que las calles vecinas permanecen todas en un plano inferior. Sencillamente, la vía atraviesa aquí los antiguos bastiones de las murallas: el Boulevard Bonne-Nouvelle atraviesa el bastión nº 6. Pasada la Puerta Saint-Denis, la calzada se eleva y la acera de la izquierda sobresale. El Boulevard Saint-Martin secciona el bastión nº 7 con sus aceras que sobresalen más de tres metros por encima de la calzada. La escalera del Passage du Pont-aux-Biches permite acceder a la muralla situada siete metros más arriba. La rue René-Boulanger sigue el camino de la contraescarpa del bastión. El saliente de los números 42-48 del boulevard du Temple se adapta exactamente a la forma del bastión nº 8. Más allá, el boulevard Beaumarchais obliga a las calles Tournelles y Saint-Gilles a empinarse en sus últimos metros antes de unirse a él. Enfrente, se han tenido incluso que construir escaleras para descender hacia la rue Amelot.

Escarpa: pared interior de una fortificación con foso
Contraescarpa: pared exterior de una fortificación con foso

PASSAGE DU CAIRE

Souvenirs *de Egipto en París*

2, place du Caire
Metro: Sentier

El Passage du Caire (1798) es el decano de los pasajes parisinos. Inspirado en el Gran Bazar de la capital egipcia, es el más largo de la ciudad

y sin duda uno de los más animados. Se construyó sobre el emplazamiento del convento de las Filles-Dieu, y se dice que parte del adoquinado proviene de las lápidas de las religiosas. Excepto por su nombre, éste no guarda ningún parecido con el fasto y la riqueza de Egipto. De hecho, fue intencionadamente concebido para atraer a un comercio poco lujoso. Sin embargo, desemboca en la place du Caire, donde la fachada del número 2 está cubierta de jeroglíficos y decorada con columnas, capiteles en forma de flor de loto y tres cabezas de la diosa Hathor. La influencia de los capiteles del templo egipcio de Dendrah es evidente. El edificio, probablemente construido por el arquitecto Berthier, data de 1828. Sus esculturas son de Gabriel-Joseph Garraud.

Además de su carácter exótico, el inmueble tiene otra característica insólita: observando con atención los jeroglíficos del friso en bajorrelieve, se ve la caricatura de un tal Auguste Bouginier, pupilo de Gros y considerado como un neoclásico tardío en pleno periodo romántico. Su nariz, de un tamaño imponente, es recordada hasta nuestros días. De él se decía que estaba «dotado de una nariz tan grande como su espíritu». Esta nariz es el último testimonio de una broma que le representaba en numerosos muros por toda la ciudad. El mismo Victor Hugo evocó la nariz de Bouginier en un capítulo de Los Miserables.

«La cour des miracles»

La place du Caire fue una de las doce «cours des miracles» (cortes de los milagros) del siglo XIX parisino. Lugar de reunión de truhanes y forajidos de todos los pelajes, también fue un escenario para falsos mendigos que venían aquí a poner en práctica sus artes. Al final de la jornada, cuando el trabajo finalizaba, los mendigos se despojaban de sus accesorios (muletas, piernas de madera postizas, falsos muñones) y volvían a casa. Para aquellos que al anochecer osaban aventurarse por este malfamado lugar, el espectáculo era pasmoso: los ciegos recobraban súbitamente la vista y los sordos se giraban al oír pronunciar su nombre por alguno de sus colegas.

El origen del distrito Bonne Nouvelle

La *cour des miracles* de la place du Caire es del siglo XIII. En el siglo XVII, Nicolas de la Reynie, teniente de policía de Luis XIV, puso orden en el lugar por primera vez. Al oír la «bonne nouvelle» (buena noticia), los vecinos decidieron llamar así al barrio.

Vestigios de Egipto en París

Contrariamente a lo que se piensa, el entusiasmo de los parisinos por Egipto nació antes de la expedición de Bonaparte. Desde mediados del siglo XVIII, los jóvenes artistas enviados a Roma se vieron influenciados por Egipto, pues en esa época los investigadores buscaban los orígenes etruscos y egipcios del arte romano. El papa Benedicto XIV había abierto un museo egipcio en el Capitolio, y una sala egipcia había sido acondicionada en la Villa Borghese. Los jóvenes artistas franceses volvieron a París cargados de grabados de Piranesi, que se había convertido en el defensor de este estilo. Durante la Revolución, y gracias a la francmasonería, la República fue asociada al monumentalismo, al culto a los muertos y a los misterios del arte egipcio. Con su expedición a Egipto de 1798, Bonaparte estaba siguiendo una moda ya sólidamente establecida. La epopeya napoleónica tuvo sin embargo un gran impacto. Algunas calles fueron rebautizadas y se erigieron muchos monumentos para conmemorarla. Además de la pirámide del Louvre y de las colecciones del museo, **el obelisco de la Concordia** es evidentemente el monumento más célebre. Fue donado por Mehmet Alí en 1831. Su gemelo permanece en Luxor: también fue donado a Francia, pero el ofrecimiento fue oficialmente declinado unos años después... ¡en 1994! En el mismo distrito de la **place du Caire**, la **rue d'Aboukir**, la **rue du Nil**, la r**ue de Damiette** y la **rue d'Alexandrie**, también deben sus nombres a Egipto. De igual modo, debemos a esta moda dos fuentes. La célebre **Fuente del Fellah**, en la rue Sèvres (junto al metro Vaneau), que representa a un agricultor egipcio (fellah). Construida entre 1806 y 1809, la estatua fue deteriorada y en 1844 fue reemplazada por una copia. La **Fuente del Palmier**, en la place du Châtelet, posee un capitel en forma de palmera rodeado de cuatro esfinges. También tenemos el baño de estilo egipcio del **Hôtel de Bourrienne** (véase página 213), la **fachada oeste de la Cour Carré**, que contiene una representación fantasiosa de la diosa Isis, el **Hôtel Beauharnais** (actual Embajada de Alemania) en el número 78 de la rue de Lille, el **Templo du Droit Humain** (véase página 255), el **cine Louxor** (esquina de los Boulevards Magenta y de La Chapelle), un conjunto de **pilares en la Avenue Ledru-Rollin**, sobre la antigua vía férrea, **cuyos capiteles tienen forma de palmeras**, y un **tabernáculo de estilo egipcio en la iglesia de Saint-Roch**. Se han inventariado más de cien esfinges repartidas por la capital, y en el cementerio Père-Lachaise hay una quincena de sepulturas inspiradas en Egipto. Todo lo relacionado con este país se asocia con frecuencia a la eternidad.

Por último, también hay **dos momias egipcias** en una cripta situada bajo la Bastilla (véase página 221).

¿Quedan aún casas de alterne («*maisons closes*»)?

El 13 de abril de 1946, las casas de «tolerancia» (los famosos *bordels*) fueron prohibidas en toda Francia. Los 195 burdeles parisinos fueron cerrados y miles de prostitutas se vieron literalmente en la calle. Aun así, quedan restos de esta época, que algunos añoran especialmente por el importante rol que jugaron en el orden social. El vestigio más común son los números de las calles –para facilitar su reconocimiento, las *maisons closes* tenían una placa del número más grande que las demás– así como ventanas diferentes y ornamentos especiales.

Hoy en día es posible ver estas placas que destacan el pasado lujurioso de algunas casas. Por ejemplo, una tal señorita Betty recibía en el **36 de rue Saint-Sulpice** a los numerosos hombres de sotana del distrito.

Y en el **15 de rue Saint-Sulpice** aparece el nombre de la dueña, Alys, en el suelo de la entrada y en los mosaicos del antiguo hammam, en el segundo piso (ahora propiedad privada).

En el IX *Arrondissement*, el número **9 de rue Navarin** –Chez Christiane– era una casa apreciada por los sadomasoquistas. La bella fachada neogótica no ha cambiado.

En el **122 de rue de Provence**, la célebre *One Two Two* solo conserva la fachada, y en el **50 de rue Saint-Georges**, Chez Marguerite tiene una pintura en madera que evoca el rapto de una Sabina desnuda, y una escultura que representa mujeres con largas túnicas antiguas.

Le Chabanais, en el **12 de rue Chabanais** –2° *Arrondissement*–, ha conservado sus dos ascensores, concebidos para evitar encuentros embarazosos: mientras un cliente subía, el otro bajaba.

El lupanar del **32 de rue Blondel** es probablemente el que conserva los vestigios más hermosos (desafortunadamente poco visibles, ya que el comercio de esa calle sigue siendo tan tumultuoso como en el pasado).

Finalmente, en el número **6 de rue des Moulins** (1° *Arrondissement*), aún se ven querubines con formas femeninas.

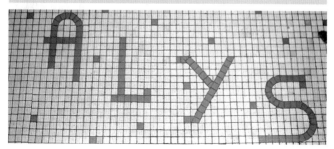

LA VIDRIERA DE LA SOCIEDAD INMOBILIARIA DE LA CHARCUTERÍA FRANCESA

Los charcuteros estetas

10, rue Bachaumont
Metro: Sentier

E l edificio del número 10 de la rue Bachaumont, actualmente ocupado por oficinas privadas y una notaría, fue construido por Jules Michel para el gremio de los charcuteros franceses. Desafortunadamente, el acceso está controlado por un portero automático, pero por el ventanal de la puerta del edificio se puede apreciar el maravilloso hall, cuyos muros están recubiertos con viejas insignias de carnicería. Son placas conmemorativas en memoria de los donantes de la sociedad. También hay pinturas y una bella vidriera dedicada a los atributos de la profesión.

Si tiene suerte, puede que la puerta se abra inesperadamente y entonces podrá hacer una rápida visita al interior. Verá el busto de un antiguo presidente de la corporación, obra de Alfred Boucher. Pero debe ser discreto, pues el lugar es propiedad privada.

QUÉ VER EN LOS ALREDEDORES

La torre de Jean sans Peur (Juan sin miedo) ⑨

20, rue Étienne-Marcel
tourjeansanspeursite.wordpress.com
Miércoles a domingo de 13:30 a 18 h
Metro: Étienne Marcel

La Torre de Jean sans Peur (Juan sin miedo) es el único ejemplo en París de arquitectura militar medieval (los Hôtels de Sens y de Cluny no son militares, y la Conciergerie y la Torre du Vertbois han sido en gran parte reconstruidas). Ésta se apoya en un vestigio de la muralla de Felipe Augusto (véase página 81). Fue construida para que Juan sin Miedo, Duque de Borgoña, durmiera en un sitio seguro, a salvo de posibles represalias, tras asesinar a Luis de Orleans, hermano del rey Carlos VI. En 1477, a la muerte de Carlos el Temerario, hijo de Felipe el Bueno y nieto de Juan sin Miedo, Luis XI unió Borgoña al reino de Francia.

Records parisinos

La calle más corta: rue des Degrés, 2° *Arrondissement* (5,75 m); en realidad, se trata de una escalera de 14 peldaños

La calle más larga: rue de Vaugirard, 6°-7° *Arrondissement* (4360 m)

La avenida más ancha: avenida Foch, 16° *Arrondissement* (120 m)

La calle más angosta: rue de Venise, 4° *Arrondissement* (2 m), seguida de rue du Chat-qui-Pêche, 5° *Arrondissement* (2,50 m)

El punto más alto: Montmartre (129,75 m – rue Saint-Rustique, 18°) y no el 20° *Arrondissement*, como muchos afirman (128 m)

La casa más angosta: 39, rue du Château-d'Eau, 10° *Arrondissement* (1,2 m)

QUÉ VER EN LOS ALREDEDORES

El vitral del número 21 de la rue ⑩
Notre-Dame-des-Victoires

21, rue Notre-Dame-des-Victoires
Metro: Bourse

Una hermosa y olvidada vidriera adorna el número 21 de rue Notre-Dame-des-Victoires. Declarado monumento histórico en 1994, este vitral fue encargado a finales del siglo XIX al maestro vidriero Eugène Grasset y al pintor Félix Gaudin para decorar la sala de reuniones del nuevo ala de la Cámara de Comercio de París, localizada en el 2, place de la Bourse. El vitral, titulado *Le Travail, par l'Industrie et le Commerce, enrichit l'Humanité* (El Trabajo, mediante la Industria y el Comercio, enriquecen a la Humanidad), muestra al Trabajo, personificado como un hombre con un martillo, rodeado de dos mujeres: el Comercio y la Industria. En la parte superior aparece el puerto fluvial de Ivry, erigido por iniciativa de la Cámara de Comercio. Este vitral, presentado durante la Exposición Universal de mayo de 1900 en el Pabellón de la Cámara de Comercio de París, fue instalado definitivamente en su ubicación actual en noviembre de 1900. Es mejor admirarlo al anochecer, cuando el ventanal se ilumina desde el interior. Durante el día, a contraluz, no se ve casi nada.

El ventanal Eiffel de la sede social del antiguo ⑪
Crédit Lyonnais

18, rue du Quatre-Septembre

La antigua sede del Crédit Lyonnais, que ardió en mayo de 1996, tuvo que ser enteramente reconstruida y sólo se conservan la cúpula Eiffel y las fachadas, declaradas monumentos históricos. Aunque el edificio no se puede visitar, es posible admirar el magnífico ventanal de Gustave Eiffel desde el pasillo del número 18 de la rue du Quatre-Septembre, de libre acceso.

Una geografía de la Opéra-Comique

La Opéra-Comique fue construida entre 1781 y 1783 para la Comedia Italiana, una compañía de actores italianos que representaba obras de su país natal. Para evitar ser confundida con el popular y más tarde conocido Teatro de Boulevard, se construyó otra sala cerca de los Boulevards. Esto explica su curiosa orientación actual; próxima al boulevard des Italiens (llamado así por el teatro), pero orientada en sentido inverso. Rossini, que dirigió el teatro entre 1824 y 1826, dio su nombre a una calle cercana. La place Boieldieu (compositor francés de principios del siglo XIX) y las rues Marivaux (célebre dramaturgo), Grétry (compositor belga) y Favart (familia de dramaturgos franceses) también tienen vínculos con la Opéra-Comique.

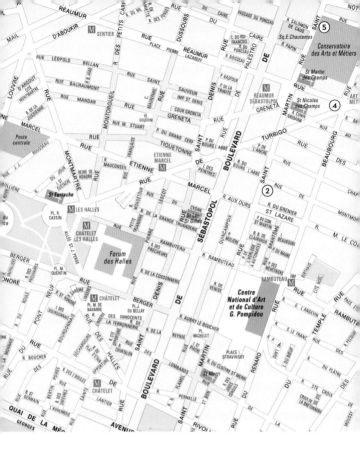

3° Arrondissement

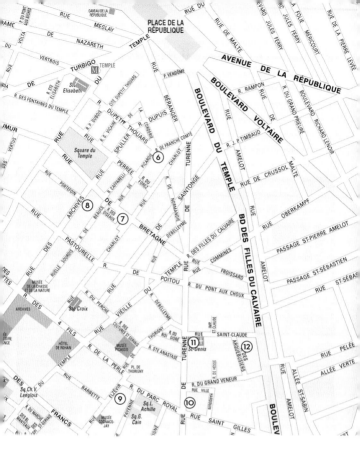

EL ÁNGEL DEL NÚMERO 57 DE LA RUE DE TURBIGO

Un ángel muy extraño

57, rue de Turbigo
Metro: Étienne Marcel

En esta hermosa fachada, un imponente ángel despliega sus dos alas como si acogiera a los visitantes o protegiera a sus residentes. Desafortunadamente, ni los historiadores ni los habitantes del edificio o del distrito han logrado descubrir el origen de esta figura celestial. El ángel apareció en un cortometraje de Agnès Varda en los años 80.

QUÉ VER EN LOS ALREDEDORES
¿La casa más antigua de París?　②
51, rue de Montmorency

La casa del número 51 de la rue de Montmorency pasa por ser la más antigua de París. Construida en 1407, la casa del «Grand-Pignon» (Gran Frontón, que ya no existe), perteneció al enigmático Nicolas Flamel (1330-1418). Aunque hoy en día no hay duda de que este hombre de espíritu iluminado y bibliotecario de la Universidad realmente existió, su vida está rodeada de misterio. La leyenda dice que poseía la piedra filosofal y que podía transformar el plomo en oro. Como acción de gracias, el alquimista creó numerosas obras de caridad, entre ellas la fundación piadosa del número 51 de la rue de Montmorency. Gracias al alquiler de las tiendas del primer piso, podía ofrecer alojamiento a los desfavorecidos en los pisos superiores, con la única condición de que rezaran cada día un padre nuestro y un avemaría para el descanso de las almas. Esta petición, escrita en francés antiguo, todavía puede verse en la fachada de la casa. También se pueden ver las iniciales del fundador del lugar, N y F.

La casa del número 3 de la rue Volta　③

La casa del número 3 de la rue Volta, considerada durante mucho tiempo como la más antigua de París (hay postales que la presentan como tal), data en realidad de 1644, como se descubrió en 1979, tras investigaciones más recientes.

ESTACIÓN ARTS ET MÉTIERS

④

Una estación digna de Julio Verne

© RATP/Marguerite Bruno

L a estación de metro Arts et Métiers es probablemente la más sorprendente de toda la red parisina, pero al estar situada en un pequeño ramal del metro (la línea número 11), son pocos los parisinos que la frecuentan.

Reacondicionada en octubre de 1994 con ocasión del bicentenario del Conservatoire National des Arts et Métiers (Conservatorio Nacional de Artes y Oficios), situado justo encima, la estación fue imaginada y concebida por François Schuiten, el célebre ilustrador belga, autor de *La fièvre d'Urbicande*. La estación está totalmente recubierta de cobre y tiene una serie de ventanillas que dan la sensación de estar en un submarino.

QUÉ VER EN LOS ALREDEDORES

La sorprendente acústica del CNAM ⑤

270-292, rue Saint-Martin

La sala que alberga los objetos utilizados por Lavoisier para sus experimentos, posee una acústica sorprendente. Dos personas, cada una de cara a una de las paredes laterales y de espaldas a la otra, pueden hablar entre sí sin que nadie en el centro de la sala escuche una palabra. Se dice que este lugar era utilizado por los monjes de la antigua abadía para confesar a las personas que padecían enfermedades contagiosas.

Vestigios parisinos de los templarios ⑥

Contrariamente a lo que se piensa, aún quedan vestigios de la prisión del Temple en la que fue encarcelado Luis XVI: los batientes de la puerta cochera del número 1 de rue Saint-Claude fueron recuperados del Palais du Gran-Prieur du Temple. En el número 73 de rue Charlot (también se entra por el 32 de rue de Picardie), subsisten los restos de una torre (a la que no se puede acceder) de 1240. Ésta solía estar en la esquina este de las murallas del recinto de los Templarios.

Planes fallidos de una place de France

Las rues de Normandie, Bretagne, Poitou y Saintonge son testigos de un proyecto concebido por Enrique IV para construir una place de France de forma semicircular. Las calles, que llevarían nombres de regiones francesas, saldrían de ella en forma de estrella.

EL HUERTO DE LOS PÁJAROS ⑦

Pájaros de buen augurio

Entrada por el número 39 de la rue de Bretagne o por la rue de Beauce
potagerdesoiseaux.blogspot.com
Sábado y domingo 11 a 13 h o entre semana cuando está presente el jardinero
Asociación encargada de la huerta: potagerdesoiseaux@gmail.com
Metro: Filles du Calvaire

En el lugar donde antes había un viejo establo, junto al Marché des Enfants Rouges, se inauguró en septiembre de 2004 un hermoso huerto en respuesta al entusiasmo de los vecinos por cultivar sus propios alimentos.

El *Jardin potager des oiseaux*, que funciona como un jardín compartido (véase página 353), es un lugar relajado y agradable de 120 m². Tiene diez rectángulos divididos en tres parcelas y está administrado por la asociación Jardiniers du IIIᵉ, cuyos 60 miembros vienen al jardín a charlar, beber café, e intercambiar trucos; en definitiva, a animarse unos a otros.

De camino al mercado puede echar un vistazo y obtener algún consejo útil. O mejor aún, consiga una llave y algunas herramientas, y póngase manos a la obra. Para hacerse miembro envíe un correo a la dirección que aparece a la izquierda.

QUÉ VER EN LOS ALREDEDORES

La leyenda del Marché des Enfants Rouges
39, rue de Bretagne
Martes a sábado 8:30 a 19:30 h; domingo 8:30 a 14 h

El Marché des Enfants Rouges (frutas, verduras, restaurantes...), propiedad del Ayuntamiento desde 1912, fue declarado monumento histórico en 1982. El mercado se salvó de ser demolido y convertido en un aparcamiento gracias a los vecinos. Volvió a abrir sus puertas en 2000, después de seis años de obras. Puede que haya sobrevivido gracias a una sorprendente leyenda, según la cual un adivino del siglo pasado habría predicho que las casas adyacentes se derrumbarían si algo le ocurría al Mercado des Enfants Rouges.

Construido en 1615, el lugar debe su nombre a los huérfanos que vestían de rojo (símbolo de la caridad cristiana) y que estaban en el hospital-orfanato fundado por Marguerite de Valois en 1536 para «los huérfanos de padre y madre» que se hallaban en el Hôtel-Dieu de París.

La palabra *potager* (huerto) viene de aquellas plantas que se suelen echar al *pot* (olla), como la cebolla, la col o el nabo.

Rue des Coutures-Saint-Gervais

La rue des Coutures-Saint-Gervais no hace referencia a ninguna tradición de sastres (*coutures* significa costuras), sino a uno de los grandes desafíos de la geografía parisina: transformar los terrenos pantanosos del Marais, en tierras cultivables: les *coutures*.

El positivismo

Aunque Saint-Simon ya había empleado anteriormente el término «positivismo», fue Auguste Comte (1798-1857), secretario del movimiento durante seis años, quien realmente lo dio a conocer.

La doctrina positivista de Comte se basa en la confianza en el progreso de la humanidad gracias a las ciencias, y en la creencia en los beneficios de la racionalidad científica en detrimento de la metafísica. El nombre debe su existencia a las ciencias «positivas», también llamadas «exactas», como las matemáticas, la física, etc.

En 1845, Auguste Comte se enamoró perdidamente de Clotilde de Vaux, lo cual hizo que su positivismo científico evolucionara hacia un positivismo religioso que debía conciliar los principios de racionalidad científica con el amor humano.

El positivismo, del que se oye hablar muy poco hoy en día, tuvo una gran influencia en el siglo XIX, particularmente en Latinoamérica. Su legado se aprecia en la consigna «Orden y Progreso», que aparece en la bandera nacional de Brasil.

EL TEMPLO DE LA HUMANIDAD

Amor, orden y progreso

5, rue Payenne
Días y horarios de apertura aleatorios, información en el 01 44 78 01 97
Metro: Saint-Paul

La Chapelle de l'Humanité, declarada monumento histórico, es el único templo positivista que subsiste en Europa. Al parecer, fue instalada en este lugar por error: la Iglesia Positivista de México compró el sitio en 1903 pensando que se trataba de la casa de Clotilde de Vaux (ver el recuadro), pero lo más probable es que la mujer muriera en el número 7. El número 5 era la mansión de François Mansart, quien vivió aquí hasta su muerte en 1666.

Actualmente, el primer piso alberga la Chapelle de l'Humanité, una fiel reproducción en pequeño del plano de Augusto Comte. Cuenta con catorce arcos apuntados, que se corresponden con los trece meses del calendario desarrollado por Comte más uno dedicado a Eloísa, a quien el filósofo tenía en alta estima. La alegoría sobre el altar representa a la *Humanidad sosteniendo el futuro en sus brazos*, obra de Eduardo de Sá. También hay un busto de Auguste Comte esculpido por Antoine Étex.

La fachada fue transformada por el arquitecto Gustave Goy: se puede apreciar una estatua de Clotilde de Vaux representada como la *Virgen Madre*, un busto de Auguste Comte y la inscripción: *«L'amour pour principe et l'ordre pour base, le progrès pour but»* (El amor como principio y el orden como base, el progreso como meta).

La casa de Auguste Comte en el VI Arrondissement también se puede visitar (ver página 129).

BIBLIOTECA AMIS DE L'INSTRUCTION

El París decimonónico

54, rue de Turenne
bai.asso.fr
Sábado 15 a 18 h, fuera de vacaciones escolares y con cita previa en
bai3@orange.fr
Metro: Chemin Vert

En 1861, en el distrito del Marais, obreros y artesanos escogieron y recopilaron libros con el fin de establecer la Biblioteca de los Amigos de la Instrucción. Lo innovador de esta iniciativa es que permitía el préstamo de libros para que el público se los llevara a casa por primera vez, ofreciendo la posibilidad de que cada uno estudiase a su ritmo.

El deliciosamente anticuado nombre de la biblioteca ilustra perfectamente la utopía de la "enseñanza popular" que sirvió de motivación a sus fundadores. Un detalle interesante es que las mujeres, que también podían consultar los libros, sólo pagaban la mitad.

Debido a que la biblioteca era privada, solo sus miembros y algunos de los vecinos del barrio sabían de su existencia. La mayoría de los 20 000 volúmenes originales se han conservado, pero se ha prohibido su préstamo con el fin de mantenerlos intactos. Sin embargo, se pueden consultar novelas, ensayos y boletines de la época en la biblioteca, la cual mantiene el ambiente y aspecto de otro siglo.

QUÉ VER EN LOS ALREDEDORES
La Pietà *de Delacroix*
68 bis, rue de Turenne
Todos los días 8:30 a 19 h (cerrado 12 a 16:30 h durante vacaciones escolares)
Pocos parisinos saben que una de las grandes obras de Delacroix se encuentra en la iglesia de Saint-Denys-du-Saint-Sacrement. Numerosos expertos consideran *Pietà*, creada entre 1840 y 1844, una de las obras maestras del artista. Además de las obras que se encuentran en los museos, las iglesias de Saint-Paul-Saint-Louis (4º arrondissement) y de Saint-Sulpice (6º arrondissement), también albergan cuadros de Delacroix.

Las hojas de la puerta cochera del número 1, rue Saint-Claude

Se dice que las hojas de la puerta cochera del número 1 de la rue Saint-Claude fueron rescatadas del palacio del Gran Prior de la Orden del Temple. Su casa dio cobijo a Cagliostro en 1783 y en 1785.

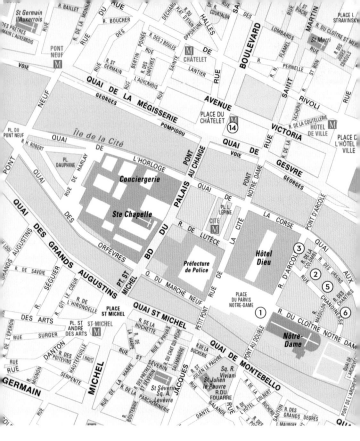

4° Arrondissement

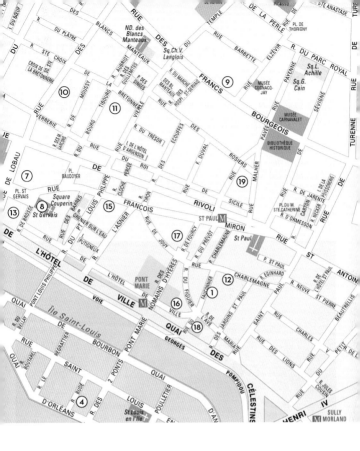

LA EXHIBICIÓN DE LAS RELIQUIAS ①
EN NOTRE-DAME DE PARIS

Una vez al mes, la corona de espinas de Cristo se exhibe ante los fieles

Notre-Dame de Paris - Place Jean-Paul II
01 42 34 56 10
notredamedeparis.fr
El primer viernes de cada mes y los viernes de cuaresma de de 15 a 16 h,
el Viernes Santo de 10 a 17 h
Metro: Cité

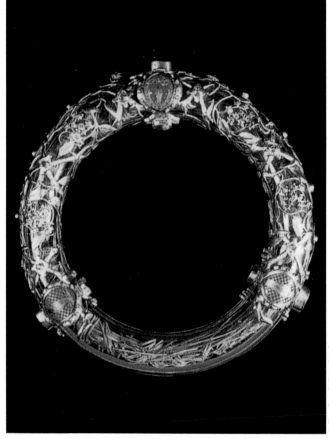

© Chevaliers du Saint-Sépulcre

Curiosamente, la inmensa mayoría de los parisinos ignora por completo que la corona de espinas de Cristo, considerada como la segunda reliquia más importante de la cristiandad, después del Santo Sudario de Turín, se exhibe en la catedral ante los fieles una vez al mes.

Contrariamente a lo que se cree, la Sainte-Chapelle ya no posee ninguna reliquia. Las otras reliquias de la Pasión de Cristo (un clavo y un fragmento de la cruz) también se encuentran en Notre-Dame. El primer viernes de cada mes, en medio de un ambiente de recogimiento excepcional, los Caballeros del Santo Sepulcro tienen la responsabilidad de mostrar la Santa Corona a la multitud de fieles. Aunque la mayoría de los presentes son turistas que se muestran indiferentes ante el acontecimiento, el fervor de los pocos parisinos que asisten es impresionante. Cuando les llega el turno de besar la reliquia, no es raro ver lágrimas de emoción cayendo por sus mejillas. La primera alusión que se hizo de esta reliquia data del año 409, cuando San Paulino de Nole la menciona entre las reliquias de la basílica del Monte Sión en Jerusalén. Trasladada a Bizancio para ponerla a salvo del pillaje del Imperio Persa, el emperador latino Baudouin II de Courtenay, que atravesaba una crisis financiera, se la vendió a los venecianos en 1238. El rey San Luis (1214-1270) compró la reliquia en 1239 e hizo construir un relicario que diera cuenta de su importancia: la Sainte-Chapelle (algunos vitrales de la capilla relatan este acontecimiento). Después de la Revolución, las reliquias fueron confiadas a los canónigos de Notre-Dame.

En el siglo XIX, finalmente, se hicieron dos relicarios para albergar la Santa Corona. Uno de ellos fue encargado por Napoleón I y el otro por Napoleón III. Ahora están vacíos, pero permanecen expuestos junto con el tesoro de la catedral (abierto al público todos los días de 9 a 18 h, excepto el domingo por la mañana). La autenticidad de estas reliquias es evidentemente difícil de garantizar. El relicario que actualmente las conserva no ha sido abierto más que una sola vez, en 1940, y en esta ocasión se pudo constatar que, aunque las hojas estaban secas, ¡el aro de juncos trenzados todavía estaba verde!

¿Era el diablo cerrajero?

El portal de Santa Ana de la catedral de Notre-Dame posee herrajes tan perfectos que ha surgido una leyenda según la cual fueron inspirados por el mismo diablo. El artesano que los hizo, Biscornet, tan sólo era un aprendiz de cerrajero, pero se cuenta que vio al demonio en sueños, y que en el transcurso de aquella noche realizó su obra maestra...

LA FALSA CASA MEDIEVAL DE FERNAND POUILLON

Una falsificación arquitectónica

1, rue des Ursins

Pocos parisinos habrán notado que esta casa de aspecto medieval es en realidad una construcción de los años 1960. Debe su aspecto al virtuosismo de su arquitecto, Fernand Pouillon, que logró integrar admirablemente varios elementos antiguos para construir una residencia moderna. El arquitecto vivió en esta casa durante un año.

Fernand Pouillon: un arquitecto convicto condecorado con la Legión de Honor

Fernand Pouillon, nacido en 1912 en Cancon (Lot-et-Garonne), realizó sus estudios de arquitectura en Marsella. Aunque construyó sus primeros edificios en esta ciudad y en Aix, antes de la guerra, se le conoce sobre todo por haber reconstruido el Puerto Viejo de Marsella, arrasado durante la ocupación nazi. Tras el escándalo que rodeó la quiebra de la compañía inmobiliaria «Le Comptoir du Logement», fue enviado a la cárcel, de donde escapó... Después de haber vivido en Italia en la clandestinidad, se presentó voluntariamente al juicio y fue condenado a tres años de cárcel. Trabajó después en importantes proyectos urbanísticos en Argelia (incluyendo las 200 columnas del «Climat de France»), y recibió la medalla de la Legión de Honor de manos de François Mitterrand.

QUÉ VER EN LOS ALREDEDORES

Rastros de la primera muralla de París en el número 6 de la rue de la Colombe ③

Una inscripción en la acera, a la altura del nº 6 de la rue de la Colombe, conmemora el descubrimiento de los vestigios de la base de un muro galo-romano. Se observa en el suelo un trazado de adoquines de 2,70 m de ancho atravesando la calle. La muralla galo-romana de Lutecia data de la primera mitad del siglo IV a.C. con el fin de resistir las invasiones bárbaras. La muralla de 1500 m de largo rodeaba la mayor parte de la isla de Lutecia. Posteriormente fue creciendo (englobando las islas vecinas), se consolidó con terraplenes (de 3 a 7 m, dependiendo de las zonas) y rodeada de muelles para convertirse en la Isla de la Cité. La pared de la muralla, con un grosor de 2,50 m y una altura de 7 a 8 m también tenía un camino de ronda en el interior y un muro almenado en el exterior.

Otros vestigios de la primera muralla de París

Otros vestigios (de 65 metros en total) fueron descubiertos entre 1967 y 1970 en la Place du Parvis-Notre-Dame, durante la construcción de un parking subterráneo. Se pueden ver en la cripta arqueológica. En el Palacio de Justicia también se descubrieron algunos restos, pero no están abiertos al público.

MUSEOS ADAM MICKIEWICZ, CHOPIN Y BIEGAS

④

Una inmersión en la vida artística polaca

6, quai d'Orléans
01 55 42 83 83
bibliotheque-polonaise-paris-shlp.fr
Visitas guiadas: miércoles 14, 15, 16 y 17 h, sábado 9, 10, 11 y 12 h
Metro: Pont Marie or Maubert Mutualité

Desde 1853, la Biblioteca Polaca se encuentra en el corazón de la Isla de Saint-Louis, en un hermoso edificio del siglo XVII que pertenece a la Sociedad Histórica y Literaria Polonesa. Creada en 1832 por emigrantes polacos que huyeron de la brutal represión durante la ocupación rusa, esta sociedad tiene como propósito «reunir en una entidad los escritos y documentos relacionados con la historia de Polonia, con su presente y su futuro, con el fin de difundir, desarrollar y consolidar el apoyo mundial a la causa polaca». La biblioteca posee actualmente más de 200 000 obras y libros impresos, entre ellas algunas piezas únicas, como las cartas personales de Frédéric Chopin, el libro de la Dieta Polaca del siglo XVIII, una edición muy valiosa del Mapa de las Tierras Eslavas de Ptolomeo (siglo XVI), o las tres ediciones originales (Basilea, Núremberg y Ámsterdam) de *De revolutionibus orbium coelestium*, de Copérnico (1534).

En medio de este ambiente romántico e intimista se han instalado otros tres pequeños museos. En el primer piso, en un saloncito, se agrupan recuerdos personales, retratos y grabados de Frédéric Chopin. En el segundo piso, el Museo Adam Mickiewicz, gran poeta romántico polaco nacido en 1798 en Lituania, ocupa tres salas repletas de recuerdos personales, manuscritos de sus poemas, documentos relacionados con sus actividades como publicista y político, al igual que retratos y bustos hechos por artistas de la época. La visita termina en el último piso, en el Museo Boleslas Biegas (pintor y escultor polaco de finales del siglo XIX y principios del XX), en el que se presenta su vida y su obra junto con pinturas y esculturas de otros artistas polacos contemporáneos.

QUÉ VER EN LOS ALREDEDORES

Las lápidas del número 26 de la rue Chanoinesse ⑤

En el patio del número 26 de la rue Chanoinesse, algunas de las losas que recubren el suelo tienen inscripciones de aspecto gótico. Estas losas son en realidad lápidas procedentes de un antiguo establecimiento religioso de la Isla de la Cité...

Los números 9 y 11 del Quai aux Fleurs: en memoria de Eloísa y Abelardo ⑥

En el número 9 del Quai aux Fleurs, una placa evoca la memoria de Eloísa y Abelardo, los célebres amantes malogrados cuya historia recuerda la de Romeo y Julieta en Verona. Los edificios de los números 9 y 11 también tienen en sus fachadas unos medallones de piedra que representan a los dos amantes.

EL OLMO DE LA PLAZA DE SAINT-GERVAIS-SAINT-PROTAIS

Durante la noche, las mujeres del distrito arrancaban en secreto trozos de su corteza...

Place Saint-Gervais
Metro: Hôtel de Ville

Aunque el olmo que está frente a la iglesia Saint-Gervais-Saint-Protais no llama particularmente la atención, su historia es fascinante. El olmo que originalmente se encontraba en este lugar, y que fue talado durante la Revolución, era un referente simbólico para los habitantes del distrito: en los comienzos del cristianismo fue sacralizado por el color rojo de su savia, que recordaba la sangre de los mártires. También era el lugar donde, después de la misa, se impartía justicia. La gente se reunía bajo sus ramas a beber y a bailar los días de fiesta, y también para hacer negocios. Se cuenta igualmente que las mujeres del distrito solían venir en secreto, durante la noche a arrancar trozos de su corteza, que utilizaban para combatir las fiebres... Más que el árbol actual, que tan sólo data de principios del siglo XX, son las múltiples referencias al célebre olmo, presentes en diferentes rincones del distrito, las que mantienen viva la tradición. En los balcones de las casas que van del número 2 al 14 de la rue François-Miron hay decoraciones de hierro del siglo XVIII que reproducen el famoso árbol. La misma imagen también se encuentra representada en cuatro sillas del coro de la iglesia Saint-Gervais-Saint-Protais.

QUÉ VER EN LOS ALREDEDORES

Las sillas del coro de la iglesia ⑧
Saint-Gervais-Saint-Protais

Place Saint-Gervais
paris.fraternites-jerusalem.org
Misas de martes a domingo, lunes descanso de monjes y monjas (todos los oficios son acompañados con cantos a cargo de las Fraternidades monásticas de Jerusalén)

Las misericordias de las sillas del coro, comenzadas bajo el reinado de Francisco I y terminadas bajo el de Enrique II, son las únicas de este tipo en París. Están decoradas con símbolos y maravillosas escenas en miniatura de la vida cotidiana, también podemos ver el simbólico olmo plantado en la plaza.

Los escalones de la entrada de la iglesia Saint-Gervais-Saint-Protais, los últimos rastros de la segunda muralla de París

Construida en el siglo XI, la muralla de 1700 m englobaba tres *monceaux* (montículos) naturales (protegidos de las inundaciones), sobre los que se construyeron las iglesias de Saint-Germain-l'Auxerrois, Saint-Merry y Saint-Gervais-Saint-Protais. La escalinata de entrada a la iglesia Saint-Gervais-Saint-Protais y el perfil de la rue des Barres, son los únicos testimonios físicos de la existencia de esta muralla y, más específicamente, del desnivel del *monceau* Saint-Gervais.

VESTIGIOS DE LA SOCIÉTÉ DES CENDRES

El pasado industrial del Marais

39, rue des Francs-Bourgeois
Lunes-viernes 11 a 20 h, sábado-domingo 10 a 20 h
Metro: Rambuteau

Sobre el portal del edificio del 39, rue des Francs-Bourgeois, que hoy ocupa una tienda, la discreta inscripción «Société des Cendres» (Compañía de las cenizas) recuerda el pasado industrial del barrio: estos muros albergaron una de las últimas fábricas del Marais, en activo hasta 2002. En medio de la tienda, la chimenea de ladrillo rojo, de 35 metros de altura, que también se puede ver desde el jardín Francs-Bourgeois-Rosier, justo al lado, es el principal vestigio de esta desconocida actividad. Lejos de ser una funeraria, algo que se podría deducir por su nombre, la Société des Cendres (que sigue en activo hoy, pero en Vitry-sur-Seine) se encargaba de reciclar las cenizas, es decir, los residuos que producían los bisuteros y los joyeros, con el objeto de recuperar el oro, la plata o incluso el platino que se mezclaban con todo tipo de polvo.

Creada en 1859 por ellos mismos con el fin de autoreciclar los residuos de su actividad, la Société des Cendres du Marais funcionaba como una suerte de cooperativa cuyos clientes (más de 500 profesionales de los metales preciosos) también eran sus accionistas. Construida en 1867, la sede de la rue des Francs-Bourgeois se creó en la época en que el Marais, abandonado por sus habitantes más acomodados en favor del Faubourg Saint-Germain, pasó a dedicarse a la actividad industrial.

Además de la chimenea interior y de la placa en la fachada que da a la calle, hay otros vestigios de aquella época: encima de esta misma placa, otra inscripción indica la actividad de la empresa: "Fonderie d'or et d'argent, traitement des cendres, essais et analyses" (Fundición de oro y plata, tratamiento de cenizas, pruebas y análisis). Dentro, una escalera da acceso al sótano, donde se conservan herramientas de época. Unos vídeos didácticos de corta duración explican esta actividad. Los clientes joyeros venían aquí con sacos de 50 a 500 kilos llenos del polvo recuperado los meses anteriores. Estos residuos se quemaban y trituraban antes de tamizarlos y tratarlos químicamente con mercurio, lo que permitíaseparar los materiales preciosos, como el oro, del resto. Evidentemente, aveces existía cierto recelo y los clientes solían quedarse a vigilar en qué se convertían sus cenizas potencialmente llenas de oro o de plata. De un saco de 50 kilos, se necesitaba sacar al menos 250 gramos de oro para que la operación resultase rentable.

El origen de «la poubelle»

La *poubelle* (cubo de basura) debe su nombre al prefecto del Sena, Eugène Poubelle, que en 1884 decretó el uso de recipientes de cinc para recolectar la basura. Antiguamente, los desperdicios eran depositados de manera más o menos anárquica delante de las casas, provocando con frecuencia malos olores en las calles.

EL CLAUSTRO BILLETTES

Una hostia que sangra

22-26, rue des Archives
Metro: Hôtel de Ville
Abierto durante las numerosas exposiciones, cuyo programa se encuentra en las revistas de ocio parisinas

Dotado de cuatro galerías cubiertas por bóvedas flamígeras, el pequeño Cloître des Billettes es el único claustro medieval que se conserva en París. Data de 1427 y formaba parte del antiguo convento de los «Hermanos Hospitaleros de la Caridad de Notre-Dame», conocidos como los «Billettes» por la figura heráldica en forma de rectángulo que decoraba sus hábitos. La iglesia del lateral, reconstruida varias veces, data de 1756 y desde 1812 es un lugar de reunión de culto evangélico. Los edificios del convento fueron transformados en una escuela a finales del siglo XIX, y el claustro, propiedad del Ayuntamiento de París, ha sido preservado y restaurado dos veces, a finales de los siglos XIX y XX.

Aunque el ambiente de este lugar, en el que se ha detenido el tiempo, es muy apacible, su historia es más bien agitada. Se dice que, en 1290, un día de Pascua, un usurero judío llamado Jonathas le exigió a una mujer sin recursos que le trajera una hostia consagrada como reembolso de un préstamo que no podía pagar. El hombre habría tomado la hostia y la habría apuñalado con un cuchillo hasta hacerla sangrar con profusión. Después, se dice que, Jonathas arrojó la hostia al fuego, pero ésta salió volando a través de la habitación sin sufrir daño alguno. Finalmente, el usurero habría sumergido la hostia consagrada en una marmita de agua hirviendo. El agua, sin embargo, se habría convertido en sangre y la hostia se habría elevado por los aires revelando la imagen de Cristo. Jonathas, finalmente, sería quemado vivo por su falta...

Tan pronto se difundió esta historia, la casa de Jonathas se convirtió en lugar de peregrinaje y, en 1924, un burgués obtuvo la autorización para construir una capilla expiatoria en el mismo lugar donde «Dios fue hervido». En 1299, Felipe el Hermoso instaló en este lugar a los Hermanos de la Caridad de Notre-Dame para que prestaran servicios religiosos.

QUÉ VER EN LOS ALREDEDORES
Museo del té Mariage Frères ⑪

30, rue du Bourg-Tibourg
Todos los días 10:30 a 19:30 h

En 1991, la célebre tienda Mariage Frères instaló en el primer piso de su local un pequeño museo dedicado al té. Además de detallar la historia de esta bebida, la sala exhibe algunos objetos relacionados con su degustación, incluyendo un sorprendente «reposa bigotes». La leyenda dice que Bodidharma, un célebre sabio hindú, se arrancó los párpados para mantener los ojos constantemente abiertos y no dormirse durante la meditación. Luego, los dejó caer al suelo, dando así origen a las primeras plantas de té...

LOS VESTIGIOS DE LA MURALLA DE FELIPE AUGUSTO

El testimonio de Felipe Augusto

Rue des Jardins-Saint-Paul

VESTIGIOS DE LA MURALLA DE FELIPE AUGUSTO ACCESIBLES AL PÚBLICO

— Perímetro de la muralla de Felipe Augusto

★ Vestigios accesibles al público

El polideportivo de la escuela Charlemagne tiene una vista inmejorable de la iglesia Saint-Paul y de una sección bien conservada del muro de Felipe Augusto (80 m de largo). Esta sección, descubierta tras la Segunda Guerra Mundial, se encuentra entre dos torres. La torre Montigny, al norte, fue destruida con las obras de rue Charlemagne, que atravesaba la muralla por el lugar donde estaba la antigua puerta Saint-Paul.

La muralla de Felipe Augusto (1190–1215)

Parte de un ambicioso plan, la tercera muralla de París debía englobar a todos los habitantes, así como las tierras, campos y huertos, para garantizar el suministro de alimentos en caso de asedio. Sus dimensiones –250 hectáreas rodeadas por un muro de 5400 m de longitud (2800 m sobre la margen derecha del río y 2600 sobre la izquierda)– eran considerables para la época. La muralla tenía una altura de 8 a 10 m, un grosor de 3 m en la base y 2,30 m en la parte superior, donde también había un camino de ronda protegido por un muro almenado. Tenía 65 torres defensivas y cuatro torres más grandes cerca del Sena. No se había previsto construir un foso defensivo. Con el tiempo, la ciudad sobrepasó la muralla y se construyeron edificios adosados al interior y al exterior del muro. Por ello, aunque la mayor parte de la muralla se conserva, es raramente visible. Los lugares de acceso libre y donde la muralla es claramente visible, son:

Margen derecha:
11, rue du Louvre: frente a la Bourse de Commerce
16, rue Étienne-Marcel: junto a la Tour Jean-sans-Peur
57-59, rue des Francs-Bourgeois: torre del Crédit Municipal
Rue des Jardins-Saint-Paul: el muro y dos torres bien preservadas
Margen izquierda:
30 bis, rue du Cardinal-Lemoine (véase página 98)
Rue Clovis
4, Cour du Commerce-Saint-André: una torre en una tienda
27, rue Mazarine: vestigios en el aparcamiento (véase página 133)
13, Passage Dauphine: una torre en la escuela de idiomas
Algunas placas (pero ningún vestigio) evocan la muralla en el 113, rue Saint-Denis; en el 172, rue Saint-Jacques; en el 9, rue Mouffetard y en el 44, rue Dauphine.

Existen una decena más de vestigios de la muralla de Felipe Augusto. Están en propiedades privadas y no son accesibles al público.

QUÉ VER EN LOS ALREDEDORES
La sede de los Compagnons du Devoir ⑬

1, place Saint-Gervais
01 48 87 38 69
compagnons-du-devoir.com
Lunes a viernes de 9 a 12 h y de 13:30 a 17 h
Metro: Hôtel de Ville o Pont Marie

Poco conocidos, y en ocasiones asociados erróneamente con una secta o con una sociedad secreta, los gremios de artesanos existen desde hace más de diez siglos (véase página 348).

La Société des Compagnons du Devoir es una de las cuatro asociaciones gremiales de París, que agrupa actualmente a 21 oficios distintos (construcción, mobiliario, transporte, alimentación, cuero...) en 95 casas de Compagnons. Al igual que en las otras asociaciones (véanse páginas 29, 125, 348) lo más interesante es contar con la presencia de un *compagnon* a quien preguntar sobre este fascinante universo que aún hoy se mantiene vivo.

El camerino de Sarah Bernhardt

Théâtre de la Ville - 16, quai de Gesvres
Lo pueden visitar en los entreactos quienes hayan adquirido una entrada para la función

Desafortunadamente, el camerino de Sarah Bernhardt en el Teatro de la Ville no es más que una reconstrucción. El verdadero camerino de la artista (1844-1923) fue destruido en 1968 durante la remodelación del teatro. Sin embargo, algunos objetos fueron salvados: actualmente se puede ver un sofá con una cabeza de esfinge, la famosa bañera y algunos objetos personales.

Maison d'Ourscamp

44-46, rue François-Miron - paris-historique.org
Lunes a viernes 11 a 18 h, sábado 11 a 19 h, domingo 14 a 19 h

La sede de la Asociación del París Histórico tiene uno de los sótanos góticos más bellos de la capital. Esta bodega del siglo XII sobrevivió gracias a que los habitantes del distrito la utilizaron como depósito, llenándola hasta los capiteles, que fueron preservados.

En los números 11 y 13 de rue François-Miron, dos casas del siglo XV conservan su frontón y su estructura de madera, aunque esta última data de una remodelación de los años 60.

Los vestigios del Hôtel de Ville

Hay varios vestigios del Hôtel de Ville diseminados por París: en los jardines del Trocadero, en el Parque Monceau, en el square Léopold-Achille y en el square George-Cain.

El origen de «la grève»

Faire la grève (hacer huelga) es una expresión que deriva de la antigua place de Grève de París, actualmente place de l'Hôtel-de-Ville. Esta plaza, situada a orillas del Sena, era uno de los puntos donde atracaban los barcos en la Edad Media. Los hombres que buscaban empleo eran contratados para cargar y descargar los navíos.

Con el paso del tiempo, los obreros insatisfechos con su salario adquirieron la costumbre de ir a la place de Grève a expresar su descontento.

LA BALA EMPOTRADA

«Rey de los franceses», no «Rey de Francia»

Hôtel de Sens - Bibliothèque Forney
1, rue du Figuier

Se necesita una vista especialmente aguda para descubrir la bala de cañón empotrada en lo alto de un muro del Hôtel de Sens. Esta bala, como indica la fecha inscrita en la fachada, fue disparada durante las revueltas del 27, 28 y 29 de julio de 1830 (conocidas como las "Tres Gloriosas" o la Revolución de Julio).

Los diputados liberales, mayoritariamente monárquicos, tomaron el mando de la revolución popular, lo que permitió conservar la monarquía al precio de un cambio de dinastía. El rey Carlos X tuvo que abdicar en beneficio de la casa de Orleáns, brazo menor de la casa de Borbón. Los franceses aceptaron como nuevo rey a Luis Felipe I, que fue llamado "Rey de los franceses" y no "Rey de Francia". La Monarquía de Julio (1830-1848) fue proclamada el 9 de agosto de 1830.

QUÉ VER EN LOS ALEREDORES

El jardín japonés de la Casa Europea de la Fotografía ⑰

5-7, rue de Fourcy

Justo enfrente de la entrada de la casa, a la izquierda, se encuentra el jardín japonés Niwa, de tradición *zen*, creado por Keijchi Tahara, un artista japonés afincado en París desde los años 70. Hay otro jardín japonés, más importante aún, en la sede de la UNESCO (véase página 145). Existe otro jardín japonés en la Fundación Albert Kahn en Boulogne.

Square de l'Ave-Maria, square del año 2000 ⑱

Obra de Christophe Grunewald, este jardín, enteramente rediseñado para la celebración del año 2000, está lleno de símbolos. Al pasar de una plataforma a otra, el caminante traza la cifra 2000 con el movimiento de su cuerpo.

Algunos vestigios de la prisión de la Bastille

Durante tres años, por decreto del 16 de julio de 1789, 8000 hombres trabajaron en la destrucción de la prisión de la Bastilla. Las piedras fueron reutilizadas para terminar la construcción del Puente de la Concordia y para edificar las casas del distrito. Los más astutos vendieron los cerrojos de la prisión como pisapapeles, y un tal Palloy hizo fortuna esculpiendo y vendiendo piedras con la forma de la Bastilla. En los alrededores quedan algunos vestigios: al inicio de la rue Saint-Antoine, un trazado en el suelo indica el antiguo emplazamiento de la prisión, que se vuelve a ver en un plano situado en el número 3 de la Place de la Bastille. En el square Henri Galli se han recuperado los restos de una torre de la prisión.

LA SINAGOGA RUE PAVÉE

Una extraña sinagoga art nouveau

10, rue Pavée
01 48 87 21 54
Domingo a jueves 10 a 17 h con cita previa, excepto viernes y sábado
Metro: Saint Paul

La sinagoga de la rue Pavée, único edificio *art nouveau* del Marais y último monumento religioso construido en este distrito, es un edificio muy curioso. Su alta fachada de piedra blanca, alta y ondulada, diseñada por Hector Guimard (véase página 303), contrasta con los edificios vecinos. Sigue siendo uno de los pocos vestigios institucionales y arquitectónicos de los inmigrantes que se establecieron en París. Los sábados por la mañana, día del Sabbath, cuando se ve a los judíos entrando discretamente para asistir a la lectura ritual de la Torah con sus peyos y kipás, tenemos la impresión de haber retrocedido en el tiempo y de encontrarnos en pleno corazón del Pletzl* a principio del siglo pasado. En 1913, para responder a la llegada a París de los judíos asquenazíes, refugiados de Europa central desde finales del siglo XIX, la asociación ruso-polaca Agoudas Hakehilos decidió construir una nueva sinagoga en un angosto terreno de la rue Pavée. La elección de Hector Guimard como arquitecto puede resultar sorprendente. A priori, es difícil imaginar una alianza entre el maestro del *art nouveau* y los judíos rusos ortodoxos, pero el resultado fue emblemático y se convirtió en símbolo de la afirmación de una cultura judía específicamente francesa.

También fue Hector Guimard quien diseñó el mobiliario (lámparas, candelabros, bancos), al igual que la estilizada decoración vegetal y las barandillas de hierro. La construcción es de piedra hueca aglomerada sobre una estructura de hormigón armado. El rigor de la construcción de hormigón, la falta de ornamentación y la elegancia de las curvas y de las contra-curvas de la fachada, proporcionan una armonía total al conjunto. La sinagoga, que a la comunidad parisina no le costó un céntimo, fue inaugurada el 7 de junio de 1914. Las autoridades oficiales del Judaísmo francés, sin embargo, prefirieron ignorar la iniciativa de los judíos expatriados y ningún representante estuvo presente en el acto. La sinagoga, con todos sus elementos litúrgicos, fue declarada monumento histórico el 4 de julio de 1989.

Palabra yiddish para designar «pequeña plaza», en oposición a la «gran plaza» des Vosges. Se trataba sin duda de la Place des Hospitalières Saint-Gervais o de la del actual metro Saint-Paul. Sin embargo, el Pletzl se convirtió rápidamente en la referencia para designar un pequeño sector, reducido simbólicamente a la rue des Rosiers.

5° Arrondissement

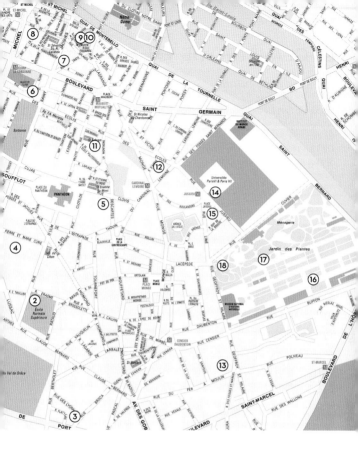

EL CLAUSTRO DE VAL-DE-GRÂCE ①

El claustro olvidado

Musée du Service de Santé des Armées
1, place Alphonse Laveran
01 40 51 51 92
De 12 a 18 h, lunes y viernes cerrado
Se requiere identificación válida
RER: Port-Royal

La visita al Museo del servicio de salud del ejército es un buen pretexto para admirar el magnífico y desconocido claustro de la antigua abadía real de Val-de-Grâce, edificada entre 1624 y 1669. La iglesia se construyó gracias al voto hecho por la reina Ana de Austria que prometió dar gracias al Señor por haberle dado finalmente un hijo, en 1638, después de veintitrés años de matrimonio. El 1 de abril de 1645, el futuro Luis XIV puso la primera piedra de un edificio cuya construcción se prolongaría casi hasta 1670. Los arquitectos Mansart, más tarde Le Mercier y finalmente Le Muet, asistido por Le Duc, contribuyeron a diseñar la iglesia, decorándola con varias esculturas y cuatro cuadros de Philippe de Champaigne. La abadía fue transformada en hospital militar en 1793, y hoy en día sigue siendo propiedad exclusiva del ejército.

El museo tiene como objetivo ayudar al visitante a comprender los fundamentos y las múltiples relaciones entre la medicina y el ejército. Pero lo más interesante no es la colección sino su emplazamiento. Está instalada bajo las bóvedas de una de las galerías superiores del magnífico claustro, desde cuyas ventanas se tiene una estupenda vista del lugar. Fíjese en la superposición de las dos galerías que la componen.

QUÉ VER EN LOS ALREDEDORES
El jardín de la Escuela Normal Superior ②
45, rue d'Ulm
Todos los días durante el horario escolar
Un jardín muy agradable con un pequeño estanque ornamental.

Museo de lámparas antiguas - «Lumière de l'œil» ③
4, rue Flatters
01 47 07 63 47
lumiara@aol.com
lumieredeloeil.com
Martes a viernes 14 a 19 h, sábado de 11 a 17 h
Metro: Gobelins
Desde hace casi veinticinco años, Monsieur Ara restaura y vende lámparas antiguas. En un local minúsculo se amontonan lámparas de gas, de petróleo y eléctricas; lámparas de vidrio, mechas, manguitos incandescentes, cenefas de perlas y otros accesorios en espera de un comprador. En el fondo de la tienda se ha instalado un pequeño museo, donde se exhiben lámparas de petróleo, de aceite, de gasolina, de alcohol y de gas procedentes del mundo entero. Las más antiguas datan del siglo XVIII. «Una colección única en Francia», le dirá su apasionado dueño. Todas las lámparas están en buen estado de funcionamiento.

EL MUSEO CURIE

Los años locos del radio

1, rue Pierre et Marie Curie
01 56 24 55 33
musee@curie.fr
Miércoles a sábado de 13 a 17 h
Metro: Place Monge o Cardinal Lemoine
RER: Luxembourg

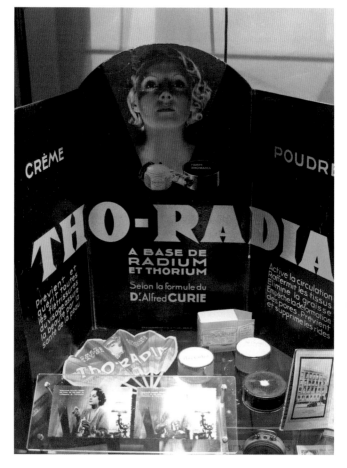

El apasionante Museo Curie, situado en el pabellón Curie, ocupa el antiguo laboratorio y despacho de Marie Curie. Este «Instituto del Radio» fue construido entre 1911 y 1914 por la Universidad de París y el Instituto Pasteur después de que Pierre y Marie Curie descubrieran el polonio* y el radio. Vale la pena hacer la visita guiada para descubrir numerosas y fascinantes anécdotas. En la entrada, unas vitrinas cuentan la historia del radio y muestran los primeros instrumentos que se usaron para medir la radioactividad. El visitante pasa de la investigación científica a las fantasías imaginadas por el común de los mortales en torno a los elementos radiactivos. Por ejemplo, ¡una Miss Francia aseguró que el radio tenía virtudes cosméticas!

La segunda sala es el despacho de Marie Curie, que, gracias a su yerno Frédéric Joliot, permanece igual a como lo dejó a su muerte en 1958. Hay algunos objetos personales de Marie y de su hija Irène Joliot-Curie. El laboratorio contenía un nivel relativamente alto de radiactividad y tuvo que ser descontaminado antes de su apertura al público en 1992. Por la puerta trasera se accede al jardín que comunica con el Instituto Pasteur, especializado en la investigación biológica y médica. Este jardín, concebido por Marie Curie, tenía como principal función la de reunir de manera informal a los investigadores de los dos institutos.

Una familia con cinco premios Nobel

De origen polaco, Marie Sklodowska-Curie fue, en 1903, la primera mujer que presentó una tesis en física (obtuvo la nota más alta). El mismo año también se convirtió en la primera mujer en recibir el Premio Nobel de física, junto con su marido Pierre Curie y Henri Becquerel, por el descubrimiento de los elementos radiactivos. En 1911, tras la muerte de Pierre, se hizo merecedora, en solitario, del Premio Nobel de química por sus investigaciones sobre el radio. Aún hoy continúa siendo la única mujer que ha recibido dos Premios Nobel. Por si fuera poco, en 1935 su hija Irène y su yerno Frédéric Joliot obtuvieron el Premio Nobel de química por sus trabajos sobre la radioactividad.

Nombre dado por Marie Sklodowska-Curie a este elemento en referencia a su país de origen.

EL *JUBÉ*
DE SAINT-ÉTIENNE-DU-MONT

El *último* jubé

30, rue Descartes - Place Sainte-Geneviève
saintetiennedumont.fr
Cerrado el lunes
Metro: Cardinal Lemoine

La iglesia Saint-Étienne-du-Mont, cuya construcción comenzó en 1517 bajo el reinado de Francisco I, y no fue terminada hasta 1626 (con una mezcla de estilos gótico y franco-italiano, cuyo fantástico resultado la hace un monumento único), posee el último *jubé* (tribuna) visible en París. La tribuna, una maravilla arquitectónica esculpida entre 1521 y 1524 por el artista Biard l'Aîné (padre), está formada por un solo arco de 9 m que atraviesa el coro, al que se accede por dos escaleras en espiral realizadas en piedra calada.

Esta obra de arte, de incomparable ligereza a pesar de su rica ornamentación (hiedra, ángeles, palmas, follaje, lazos, mascarones, adoradores...), escapó milagrosamente a la destrucción. ¡Los propios parisinos pidieron que fuera demolida en 1735! La iglesia también posee tres hermosas vidrieras (en el fondo de la sacristía) que ilustran escenas de la Biblia, así como las reliquias de Santa Genoveva, la santa patrona de París, y las tumbas de Pascal y Racine que están enterrados detrás del coro.

¿Qué es un jubé?

En las iglesias y catedrales góticas francesas, el *jubé* es una tribuna transversal que separa el coro de la nave, desde la cual se leen los textos sagrados. La mayoría de ellas desaparecieron con la incorporación de los púlpitos. La palabra viene de la expresión latina *Jube, Domine, Benedicere* (dame Señor, tu bendición).

QUÉ VER EN LOS ALREDEDORES

El pie derecho de la estatua de Montaigne ⑥

La estatua de Montaigne que está frente a la Sorbona, al lado de la rue des Écoles en el square Paul-Painlevé, presenta una particularidad: al igual que ocurre con el seno de Julieta en Verona o el sexo de Victor Noir en el Père-Lachaise, su pie derecho parece haber sido lustrado por miles de manos. Esta estatua en bronce, que reemplazó a otra efigie en piedra del mismo Montaigne, data de 1933. Según cuenta la historia, todo deseo solicitado al tocar el pie del escritor diciendo «Salut Montaigne», se hace realidad. Parece ser que el origen de esta costumbre se debe a una su- perstición estudiantil.

Rastros en París del peregrinaje a Santiago de Compostela

Uno de los cuatro caminos franceses de la Ruta de Santiago tiene su punto de partida en París, en la antigua iglesia Saint-Jacques-de-la Boucherie, cuyo último vestigio es la torre de Saint-Jacques (Santiago). Los peregrinos tomaban luego las –bien llamadas– rue Saint-Jacques, rue du Faubourg-Saint Jacques y la rue de la Tombe-Issoire. El actual Museo de Cluny está en esta ruta, y por eso no es raro encontrar conchas grabadas en su fachada. La iglesia Saint-Jacques-du-Haut-Pas en la rue Saint-Jacques, también debe su existencia a este peregrinaje.

¿Por qué se movió la estatua de Auguste Comte?

Hace algunos años, la estatua de Auguste Comte situada en la plaza de la Sorbona fue desplazada y girada unos 90°. Aunque la razón oficial fue que así se despejaba la vista de la Universidad desde el Boulevard Saint-Michel, parece ser que la verdadera razón fue el carácter controvertido del positivismo científico promulgado por Comte.

QUÉ VER EN LOS ALREDEDORES
El reloj de sol de Salvador Dalí ⑦
27, rue Saint-Jacques

Un sorprendente reloj de sol, creado y grabado por Salvador Dalí en 1968 para unos amigos que tenían una tienda en la esquina de este edificio, decora el muro del número 27 de la rue Saint-Jacques. El grabado representa la cabeza de una mujer; la parte superior parece una concha de Santiago, en alusión al camino del Apóstol.

Rues des Fossés...

Las rues des Fossés-Saint-Bernard, des Fossés-Saint-Jacques, des Fossés Saint-Marcel: todas estas calles fueron originalmente construidas en el exterior de la muralla de Felipe Augusto. En 1346, tras la derrota francesa en la batalla de Crécy contra los ingleses, se consideró importante mejorar las defensas de la muralla; se cavaron algunas *fossés* (trincheras) secas delante de la muralla. Estos fosos dieron posteriormente su nombre a varias calles del distrito.

El osario de Saint-Séverin   ⑧

Rue des Prêtres-Saint-Séverin

En el lado derecho de la iglesia Saint-Séverin hay un bello jardín. Curiosamente, está rodeado por una galería gótica de nichos que le dan el aspecto de un claustro. Este encantador lugar, edificado a partir del siglo XV, lleva el nombre de «Charnier Saint-Séverin», y es el vestigio de un antiguo osario medieval. Sus galerías y nichos estaban destinados a recibir los restos de notables parisinos; en la parte central se vertían los huesos de las fosas comunes cuando éstas iban a ser reutilizadas.

El árbol más viejo de París

El árbol más viejo de París se encuentra enfrente de Notre-Dame, al otro lado del Sena, en el Square René-Viviani (25, Quai de Montebello). Esta robinia (o falsa acacia) fue plantada en 1602, y muy probablemente sobrevive gracias a una «muleta» de hormigón que evita que se derrumbe por completo. El árbol debe su nombre a Jean Robin, que fue el primero en introducir en Francia esta especie.

Los graffitis del sótano del 52 de la rue Galande   ⑨

52, rue Galande

A menudo, solicitándolo amablemente, se puede acceder a los sótanos del 52, rue Galande, ubicados en el emplazamiento donde estuvieron las celdas de la antigua fortaleza del Petit-Châtelet, que, con el Grand-Châtelet (el nombre actual «Châtelet», al otro lado del Sena, viene de esta antigua fortaleza), protegía el acceso a la isla de la Cité. En los muros de los sótanos se ven grafitis de antiguos detenidos: «1421 – me ahorcarán» y «muerte a Marat», junto con una flor de lis, símbolo de la realeza francesa.

La última losa de las calzadas romanas de Lutecia   ⑩

1, rue Saint-Julien-le-Pauvre

Delante de la iglesia de Saint-Julien-le-Pauvre, justo detrás de un pozo del siglo XII, hay dos losas romanas de arenisca, descubiertas en la rue Saint-Jacques donde formaron parte del pavimento en el siglo IV. Se trataría de las últimas losas de las calzadas romanas de Lutecia, ya que aparentemente el resto ha desaparecido. Antaño, el pozo estaba dentro de la iglesia, pero cuando la recortaron, en 1651, el pozo quedó fuera.

La bandera de La Tour d'Argent

Algunos parisinos se habrán percatado de que a veces se ve ondear una bandera en la cima del restaurante La Tour d'Argent. Es para indicar que el dueño del restaurante está presente.

El cartel más antiguo de París

El cartel más antiguo de París (1380) se encuentra en el número 42 de la rue Galande. En él podemos observar a un hombre y a una mujer remando en una barca, y a otro hombre que se encuentra entre ambos. El cartel evoca la magnífica leyenda de Saint Julien l'Hospitalier. Según la historia, después de haber matado accidentalmente a sus padres, Saint Julien decide abandonarlo todo y convertirse en barquero. Un día se presenta un leproso ante él pero a pesar de su enfermedad, el barquero lo acoge. El leproso resultó ser Jesucristo.

QUÉ VER EN LOS ALREDEDORES

El patio interior del antiguo séminaire des Trente-Trois (seminario de los 33) ⑪

34, rue de la Montagne-Sainte-Geneviève

Este pequeño y encantador patio está situado en el emplazamiento de un antiguo seminario fundado por Claude Bernard. Éste, tras haber perdido a un amigo en un duelo, entró en la orden y se convirtió en émulo de Saint Vincent de Paul. Profetizó el nacimiento de Luis XIV, y por ello, Ana de Austria le donó el dinero que facilitó la creación del Collège des Trente-trois (en referencia a la edad de la muerte de Cristo), que sería erigido como seminario eclesiástico destinado a los prisioneros. Fue a inicios del siglo XIX cuando el *collège* fue transformado en vivienda. En principio, la puerta está cerrada, pero en el local hay una academia de artes marciales a la que se puede entrar con el pretexto de solicitar información...

Un vestigio del paso del río Bièvre por la muralla de Felipe Augusto ⑫

30 bis, rue du Cardinal Lemoine - Visitas el primer miércoles de cada mes a las 14:30

La oficina de correos de la esquina de la rue du Cardinal-Lemoine y del Boulevard Saint-Germain, organiza una vez al mes una visita a sus sótanos. Ésta es la oportunidad de ver un interesante vestigio de la muralla de Felipe Augusto.

El antiguo mercado de caballos del número 5 de la rue Geoffroy-Saint-Hilaire ⑬

Este encantador pabellón de 1760, posee una fachada en la que aún se puede ver una hermosa cabeza de caballo y una inscripción: «*Marchand de chevaux, poneys, doubles poneys et chevaux de trait*». El edificio fue construido a petición del teniente de policía Sartine, para albergar a los agentes encargados de vigilar el mercado de caballos. Éste no cerró sus puertas hasta 1907.

EL MUSEO DE LA MINERALOGÍA

El sótano de los tesoros

34, rue Jussieu
01 44 27 52 88
Lunes y miércoles a sábado de 13 a 18 h
Metro: Jussieu

El Museo de Mineralogía, ubicado desde 1970 en un sótano de la Facultad de Ciencias de Jussieu, exhibe en 24 vitrinas panorámicas, especialmente iluminadas y conservadas a una temperatura constante, una selección de 2000 de los 24 000 minerales que posee. Esta selección permite mostrar al público los especímenes más hermosos en un espacio reducido. Las piezas expuestas, escogidas por su singularidad, calidad y belleza, son un testimonio de la sorprendente riqueza del mundo mineral. El propósito de esta exhibición es despertar el interés de un público que por lo general sabe poco acerca de los minerales. Aquí podrá descubrir lo que esconden nombres enigmáticos como «Cumengeíta», «cuprosklodowskita» o «cuarzo fantasma». Los apasionados por el tema pueden proseguir sus descubrimientos vi- sitando el Museo de Mineralogía de Minas, en el VI *Arrondissement* (véase página 113), que tiene más de 80 000 muestras. Debido a las obras de retirada de amianto de la Facultad de Jussieu, el museo ocupa desde 2006 un nuevo local, con acceso para minusválidos.

© Collection de Minéraux de Jussieu/ J.-P. Boisseau

QUÉ VER EN LOS ALREDEDORES
La fachada del número 1 de la place Jussieu ⑮
Hermoso edificio neorrenacentista, construido en 1842 por los arquitectos Totain y Vigreux junto con el escultor Giraud.

EL TIOVIVO DODO

Un tiovivo prehistórico

The Jardin des Plantes
Miércoles, sábado y domingo desde las 13 h hasta el cierre del jardín; lunes,
martes, jueves y viernes desde las 15 h hasta el cierre del jardín
Creador y propietario: M. Samy Finkel

nstalado en 1992 en el corazón del Jardin des Plantes, este carrusel de estilo años 30 fue especialmente concebido para el lugar. Su tema son los animales extintos o en vías de extinción. Reúne especies raras o desaparecidas, como el célebre dodo de la Isla Mauricio, el tigre de Tasmania, el *sivatherium* (mezcla de alce y jirafa) o el triceratops (uno de los últimos dinosaurios).

Aunque los niños no sepan en qué animales están montados, siempre parecen felices a lomos de un panda, sobre el caparazón de una tortuga cornuda, o sobre la espalda del aepyornis de Madagascar (la mayor ave conocida).

QUÉ VER EN LOS ALREDEDORES

El microclima del jardín alpino en el Jardin des Plantes ⑰

El jardín alpino del Jardin des Plantes, concebido en los años 30, es un

lugar sorprendente. Construido tres metros por debajo del nivel del conjunto del Jardín, está preservado del frío y del calor, y, mediante un juego de rocallas e irrigaciones, reconstruye los climas de varias regiones montañosas. Es por ello que, a pesar de ser un espacio muy reducido, se percibe una oscilación de temperatura de hasta 20º C. Este juego climático le permite al jardín enorgullecerse de poseer más de 2000 especies diferentes en menos de 4000 m², incluyendo la célebre y extraña edelweiss.

La glorieta de Buffon, en la cima del laberinto del Jardin des Plantes, es la construcción metálica más antigua de Francia. Oriundo de Montbard, Buffon dirigió en esta ciudad su famosa fragua, que produjo el acero necesario para la construcción de dichas estructuras metálicas.

Un león devorando un pie humano - la Fuente de los Leones

La Fontaine aux Lions, situada en el Jardin des Plantes, cerca de la puerta de acceso de la rue Geoffreoy Saint-Hilaire, fue construida por Henri Jacquemont en 1863. Se trata de un león devorando lo que parece ser un pie humano. El escultor, amante del naturalismo, concibió también las esfinges de la fuente del Châtelet, los leones de la place Félix-Éboué (XII *Arrondissement*) y los dragones de la place Saint-Michel.

QUÉ VER EN LOS ALREDEDORES

El gabinete de curiosidades de Bonnier de la Mosson ⑱

Bibliothèque Centrale du Muséum national d'Histoire naturelle
38, rue Geoffroy-Saint-Hilaire
01 40 79 36 33 - mnhn.fr
Lunes a sábado 9 a 18 h - Entrada gratuita: bcm@mnhn.fr
Metro: Place Monge o Jussieu

Escondido tras el muro blanco de la mediateca del Muséum national d'Histoire naturelle, se encuentra el gabinete de curiosidades de Joseph Bonnier de Mosson (1702-1744). Esta pequeña joya desconocida, obra de un rico aficionado al arte, le costó a Bonnier la ruina. A la muerte de este erudito coleccionista, sus acreedores recuperaron parte del dinero con la subasta de sus colecciones (efectuada en 1745). Buffon se las arregló para adquirir una de ellas, el llamado «Cabinet des insectes et autres animaux desséchés des plus remarquables» (Gabinete de insectos y otros admirables animales disecados), que hizo instalar en el jardín del rey. Desmontadas en 1935, las vitrinas fueron restauradas y, finalmente, instaladas en 1979 en su emplazamiento actual. Fueron declaradas patrimonio histórico en 1980. Hoy en día, el gabinete se compone de cinco magníficas vitrinas talladas en madera de Holanda, decoradas con serpientes entrelazadas y cabezas de animales con cuernos auténticos. En ellas hay una colección de insectos y de mariposas multicolores, pájaros de brillante colorido, minerales raros, animales disecados, cuernos de narval (que se pensaba provenían del célebre y legendario unicornio) y de rinocerontes, tarántulas, ciempiés gigantes... Es recomendable consultar la lista detallada de estas curiosidades con su ubicación específica. Se encuentra en el catálogo 069.95 BON, a disposición de los visitantes en la recepción, justo al lado del gabinete.

El gabinete de curiosidades, ancestro del museo

En el siglo XVI, con el auge de las exploraciones y el descubrimiento de tierras desconocidas, numerosos eruditos, amantes del arte y personas adineradas, empezaron a coleccionar los objetos curiosos que llegaban del nuevo mundo. Así surgieron los gabinetes de curiosidades, una especie de espejo del mundo en los que se reunían una multitud de objetos excepcionales o extraños, algunos realizados por el hombre, otros pertenecientes a alguno de los tres reinos: animal, vegetal o mineral. A mediados del siglo XVII, el entusiasmo por estos gabinetes de curiosidades comenzó a declinar en beneficio de lo que más adelante, en el siglo siguiente, serían llamados gabinetes de historia natural, y que después se convertirían en los primeros museos.

6° Arrondissement

LA ANTIGUA ESCUELA COLONIAL ①

El edificio islámico más hermoso de París, después de la Gran Mezquita

Ahora la Escuela Nacional de Administración
2, avenue de l'Observatoire
RER: Luxembourg

Construido entre 1894 y 1896 por el arquitecto Maurice Yvon, el edificio de la esquina que forman la avenue de l'Observatoire y la rue Auguste-Comte, es uno de los más bellos ejemplos de arquitectura islámica de París. A pesar de tener una soberbia puerta de entrada de estilo morisco sobre la avenida, un bello patio interior y una hermosa biblioteca que ha conservado su estilo original, es muy poco conocido. El edificio fue construido para albergar la Escuela Colonial, cuya misión principal era formar a los encargados de administrar las colonias francesas. Hoy en día es la sede parisina de la ENA (Escuela Nacional de Administración).

La arquitectura islámica en París

Los primeros contactos oficiales entre París y Oriente datan de 1669-1670, cuando el Imperio Otomano y la corte de Luis XIV intercambiaron embajadores. A comienzos del siglo XVIII, la traducción de *Las mil y una noches* a cargo de Antoine Gaillard puso de moda el Oriente en la capital francesa. Tras el redescubrimiento de Grecia y de Egipto, a mediados del siglo XVIII (véase página 47), se intensificaron los viajes por el mundo musulmán.

La Alhambra y las mezquitas de El Cairo también influyeron en los arquitectos que levantaron la famosa iglesia Notre-Dame-de-la-Garde, en Marsella, así como la construcción del horno crematorio del cementerio Père-Lachaise.

Además de la bella **Mezquita de París**, que se encuentra en el V *Arrondissement*, el testimonio arquitectónico más sorprendente de la influencia islámica en París es probablemente la antigua Escuela Colonial, en el número **2 de la avenue de l'Observatoire** (ver arriba).

También son bellos ejemplos los edificios del **4 bis de la avenue Hoche** (un gran salón morisco construido en 1892); del **68 de la rue Ampère** (1895, un salón morisco); del **44 de la rue Servan** (XI *Arrondissement* –1870-1890– con una fachada ador- nada con pabellones, probablemente recuperados de la Exposición Universal); del **9 de la rue Fénelon** (propiedad privada, vestíbulo de estilo árabe y decoración en cerámica de Gillet), y del **16 de la rue Bardinet** (XIV *Arrondissement*, 1908).

En el antiguo hammam del **18 de la rue des Mathurins** (1875), se ven unas ventanas muy características; y la **Casa de Marruecos en la Ciudad Universitaria** posee un magnífico techo tallado procedente de este país.

MUSEO DE LA MATIÈRE MÉDICALE

Una experiencia extraña

Colecciones del laboratorio farmacéutico de la Facultad de Farmacia
4, avenue de l'Observatoire
Para grupos de profesionales con cita previa (01 53 73 98 04)
Abierto al público los «Journées du Patrimoine» (septiembre) y en la «Fête de la Science» (octubre)
RER: Luxembourg

La visita al Museo de la Matière Médicale es una experiencia extraña. En una bella sala, que parece estancada en el tiempo con sus decoraciones de madera, sus vitrinas antiguas, sus frascos antediluvianos y un pabellón recuperado de la Exposición Universal de 1889, se concentran más de 25 000 drogas. En términos médicos, las drogas son las sustancias naturales que, una vez secas, sirven para la elaboración de medicamentos. El profesor Tillequin, que por lo general guía la visita, es un pozo de sabiduría que hará disfrutar a los visitantes con innumerables anécdotas sobre las sustancias expuestas. Es la ocasión de aprender que la teína no es cafeína, de ver las diferencias entre los distintos tipos de café (arábigo, robusta…), y de saber la verdad acerca del guaraná brasileño y del curare amazónico…

La vitrina dedicada al vino Mariani es particularmente interesante. El corso Mariani creó una bebida a base de hojas de coca (la sustancia activa de la cocaína) y de vino. Gracias a su innegable talento para el marketing (Mariani ofreció sus botellas a hombres influyentes e incluyó en su publicidad las notas de agradecimiento que le enviaron éstos), la bebida logró un éxito fulminante…

En los Estados Unidos, un farmacéutico se inspiró en esta bebida y reemplazó la coca por un extracto de nuez de cola y el vino por soda. Los derechos fueron comprados en 1892 por Asa Candler, y así nació la Coca-Cola… Justo detrás de esta, otra vitrina expone corteza de quinina, sustancia activa que aún hoy se usa para combatir el paludismo. Traída a Europa por los jesuitas, la quinina ayudó a Luis XIV a reponerse de la malaria (el otro nombre del paludismo) que había contraído en los pantanos de Versalles.

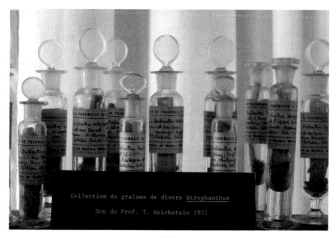

Collection de graines de divers Strophanthus
Don du Prof. T. Reichstein 1951

EL JARDÍN BOTÁNICO
DE LA FACULTAD DE FARMACIA

Un jardín farmacéutico

4-6, avenue de l'Observatoire
Lunes a viernes de 9 a 19 h; a veces cerrado por el plan de seguridad Vigipirate
RER: Luxembourg o Port Royal

Este sorprendente jardín, destinado en un principio a los estudiantes de farmacia (el reconocimiento de las plantas forma parte del programa de primer curso), actualmente está abierto al público. Aunque un poco abandonado, conserva un aura nostálgica y romántica, que lo convierte en el lugar perfecto para llevar a una futura conquista. Al jardín se llega por la entrada del número 4 de la avenue de l'Observatoire, siguiendo el callejón y girando a la izquierda. Anteriormente, la Escuela de Farmacia de París se encontraba en la rue des Arbalètes, en el mismo lugar donde se creó el primer jardín medicinal, llamado «Jardin des Simples» fundado por Nicolas Houel, un boticario del siglo XVI. Cuando fue plantado, en 1880, antes de que la escuela fuera trasladada a la avenue de l'Observatoire, el jardín ocupaba más de 8000 m². Aunque hoy en día su extensión se ha reducido a algo menos de la mitad, sigue siendo maravilloso caminar alrededor de los arriates e invernaderos de estilo antiguo, que contienen cerca de 500 especies de plantas medicinales, de plantas tóxicas y de plantas empleadas en cosmetología y perfumería. Cada una de ellas está identificada con un pequeño letrero en el que se indica su nombre, aunque la abundante maleza dificulta a veces descifrarlos.

QUÉ VER EN LOS ALREDEDORES

Los elefantes del nº 1 de la avenue de l'Observatoire ④

Justo enfrente de la antigua Escuela Colonial (véase página 107), hay un precioso edificio que, a pesar de su exuberante fachada, suele pasar desapercibida a los transeúntes. No se pierdan los elefantes esculpidos del primer piso.

Unas palmeras con heridas de guerra

Las palmeras que se plantan cada verano junto al gran lago del Jardin de Luxemburgo, son sin lugar a dudas veteranas de guerra. Los huecos en los troncos de algunas de ellas fueron causados por esquirlas de obuses lanzados durante la Primera Guerra Mundial.

EDIFICIO DEL 26, RUE VAVIN

Un edificio escalonado

Metro: Vavin

Este es uno de los primeros experimentos del arquitecto Henri Sauvage con viviendas escalonadas. Construido en 1912, el edificio del 26 de la rue Vavin aplica los principios que prevalecieron en otro inmueble del mismo tipo –aunque más ambicioso–, levantado en la rue des Amiraux, XVIII *Arrondissement* (véase página 339). La fachada va retrocediendo gradualmente, lo que permite a cada vivienda disponer de una terraza y que la luz penetre de forma homogénea en los pisos inferiores y superiores. Las baldosas blancas de la fachada (iguales a las del metro) intensifican el efecto de la luz.

QUÉ VER EN LOS ALREDEDORES

El museo de mineralogía de la Escuela de Minas (6)

60, boulevard Saint-Michel
01 40 51 91 39 - musee@mines-paristech.fr
RER: Luxembourg
Lunes a viernes de 9 a 18:30 h, sábado de 10 a 12:30 h y de 14 a 17 h

Fundado en 1794, este anticuado museo con sus vitrinas del siglo pasado, que ocupan una bella galería de madera de 100 m de largo del Hôtel de Vendôme, exhibe una de las colecciones más importantes del mundo, única en Francia, de más de 80 000 minerales y cristales. Se pueden pasar horas descubriendo piezas espectaculares o rarísimas muestras como la mayor boleíta, un cubo radiactivo de torianita o el espécimen de hauerita más increíble del mundo, protegido siempre de la luz (para que no se estropee) en un expositor de madera cuya cubierta debe levantarse.

El Reid Hall (7)

4, rue de Chevreuse

Solicitándoselo amablemente al conserje, es posible que puedan entrar en la sede parisina de la Universidad de Columbia, la cual posee un jardín magnífico y una sala de conferencias sorprendente. Construida al estilo inglés, Reid Hall es capaz de albergar a 200 personas. También se usa para clases nocturnas. El programa se puede consultar en el globalcenters.columbia.edu/paris o en la librería Tschann del Boulevard de Montparnasse.

Museo Zadkine

100 bis, rue d'Assas
01 55 42 77 20 - zadkine.paris.fr
Martes a domingo de 10 a 17:40 h, excepto festivos

Invisible desde la calle, este encantador museo exhibe la obra del escultor de origen ruso Ossip Zadkine. Tras emigrar a París en 1908, trabajó en esta casa-taller desde 1928 hasta su muerte, en 1967. El pequeño jardín de la entrada es particularmente agradable, y contiene algunas obras adaptadas para los invidentes.

LA CAPILLA DE LAS HERMANAS AUXILIADORAS DEL PURGATORIO ⑨

Una cúpula neobizantina

Accueil Barouillère
14, rue Saint-Jean-Baptiste-de-La-Salle
01 53 69 61 00
Pedir cita por teléfono
Metro: Duroc, Vaneau o Falguière

En 1856, Eugénie Smet, hermana Marie de la Providence, fundó la congregación de las Hermanas Auxiliadoras de París bajo el manto espiritual de San Ignacio de Loyola. La casa *Barouillere* es el lugar donde nació la congregación. Se puede ir a meditar u orar en la capilla del siglo XIX, cubierta con una cúpula neobizantina, y a admirar la reciente renovación del edificio inspirada en el tema de la esperanza. El altar, diseñado con un estilo muy contemporáneo, mezcla de madera y plexiglás, merece especial atención. Del mismo modo, se pueden visitar la habitación y el estudio –conservados como estaban– donde vivió la fundadora hasta su muerte, el 7 de febrero de 1871. La sorprendente calma del lugar es muy agradable.

QUÉ VER EN LOS ALREDEDORES

Las reliquias de Saint Vincent de Paul ⑩

Chapelle Saint-Vincent-de-Paul
95, rue de Sèvres
01 45 49 84 84

La capilla de los padres lazaristas de la rue de Sèvres conserva desde 1830 las reliquias de San Vicente de Paúl. Guardadas en una resplandeciente urna de plata –financiada por los habitantes de París y realizada por el orfebre Odiot–, ocupan el espacio principal del coro de la capilla. Las escaleras a ambos lados del altar conducen a una visión que puede impresionar a los más sensibles: allí se encuentra el esqueleto del santo, con la cara y las manos recubiertas de cera.

El cuerpo está vestido con los hábitos sacerdotales, y se dice que la cruz que sostiene entre sus manos es la misma con la que asistió al rey Luis XIII en su agonía.

Las estatuas de la libertad en París y en Francia

Además de las dos Estatuas de la Libertad de París (Jardines de Luxemburgo y la Île aux Cygnes), hay otras cinco representaciones en Francia de la célebre estatua neoyorquina: una en **Roybon** (Isère); otra en **Barentin**, cerca de Rouen (aparece en la película *Le Cerveau* de Gérard Oury, con Bourvil y Jean-Paul Belmondo); otra en la Place de la Liberté, en **Poitiers**; otra en **Colmar**, y la última en **Saint-Cyr-sur-Mer** (véase la guía *Provence insolite et Secrète*, de la misma editorial). La estatua original está en Nueva York, y fue un regalo que Francia (o, más exactamente, que un grupo de particulares) hizo a Estados Unidos en 1886. Fue ejecutada por Frédéric-Auguste Bartholdi, y su estructura metálica fue concebida por Gustave Eiffel. La estatua está cubierta de placas de cobre remachadas. La figura simboliza «la Libertad iluminando al mundo».

LA CRIPTA DE LA IGLESIA SAINT-JOSEPH-DES-CARMES

Sangre en el pavimento

70, rue de Vaugirard
sjdc.fr - Visitas a la cripta: sábado a las 15 h – Para visitas fuera de este
horario, escribir a Mme Nicole de Monts: nicole.demonts@wanadoo.fr
Metro: Rennes

Todos los sábados, a las 15 h, grupos de hasta seis personas pueden visitar la macabra y desconocida cripta de la iglesia Saint-Joseph-des-Carmes. Antes de la Revolución, el convento carmelita era un apacible monasterio con un jardín donde los religiosos producían un agua de toronjil que se hizo famosa con el nombre de *Eau des Carmes.* La bebida aún se sigue vendiendo como *«Eau des Carmes Boyer».* La iglesia del monasterio también es conocida por su cúpula, la primera de París.

Con la ley del 17 de agosto de 1792, que ordenaba el cierre de todos los monasterios y conventos, el edificio fue transformado en prisión. Entre sus reclusos se encontraban 160 sacerdotes (tres de ellos obispos). Habiendo rehusado prestar juramento a la Constitución civil votada en 1790 por la Asamblea, este grupo de sacerdotes fue masacrado. Aún hoy se pueden ver los escalones que conducen al jardín donde los *réfractaires,* como se les llamó, fueron reunidos y asesinados por el pelotón del comisario Maillard el 2 de septiembre de 1792. Se puede leer el testimonio de algunos supervivientes en bxmartyrsde1792.com.

En 1867, la construcción de la rue de Rennes amputó una parte del jardín del monasterio, lo cual supuso la desaparición de la capilla de los mártires y del pozo donde habían sido arrojados los cuerpos. Excavaciones posteriores permitieron exhumar los restos, que actualmente se hallan en la cripta de la iglesia. Se pueden ver varias hileras de cráneos, algunos de los cuales revelan las heridas causadas por las bayonetas.

La maqueta de la demolida capilla del jardín permite imaginar la horrible escena (las losas ensangrentadas han sido conservadas). La visita concluye con un mensaje de Joséphine de Beauharnais, también encarcelada aquí durante la Revolución. Escrita de su puño y letra, se puede leer esta inscripción en una pared: «Libertad, ¿cuándo dejarás de ser una palabra hueca? Llevamos diecisiete días encerrados. Nos dicen que mañana nos soltarán, ¿pero no es esa una vana esperanza?»

Después de la visita guiada, se puede deambular por el jardín y por la iglesia (abierta al público todo el día), y admirar la hermosa *Virgen con niño* de Bernini.

EL ÚLTIMO METRO PATRÓN

La referencia absoluta

36, rue de Vaugirard
Metro: Saint Sulpice o Mabillon

El metro, hijo de la Ilustración y de la Revolución Francesa, fue definido en 1791 por la Academia de Ciencias, cuyo objetivo fue reemplazar las unidades de medida que hacían referencia a partes del cuerpo
humano (pulgada, pie...).

Dado que los cuerpos son por naturaleza diferentes, con frecuencia
se tomaba al soberano como referencia, lo cual constituía un símbolo
monárquico muy poderoso. El metro fue definitivamente aceptado en
Francia como medida oficial de longitud en 1795. De 1796 a 1797, la
Convención hizo instalar en París dieciséis metros patrón grabados en
mármol, para familiarizar a la población con el nuevo sistema de medida.
El metro patrón que se observa bajo las arcadas de la rue de Vaugirard, a la
derecha del portal número 36, es el único que sigue en su emplazamiento original. El otro metro patrón que todavía se encuentra en París fue
trasladado en 1848 al número 13 de la place Vendôme, a la izquierda de
la entrada del Ministerio de Justicia. Fue fijado a un muro del edificio que
albergaba la Agencia de Pesos y Medidas.

¿Cómo se define el metro?

A menudo se olvida que el metro es invención francesa. En 1791, la
Academia de Ciencias de París lo definió como la diezmillonésima
parte de un cuarto del meridiano terrestre. Según esta definición,
un meridiano terrestre es una circunferencia de 40 000 km de
longitud. Después de que se fijara el primer metro patrón (ver
arriba), 17 naciones firmaron la *Convention du Mètre* en 1875. En
1899, la Oficina de Pesos y Medidas hizo construir una barra de
platino e iridio (aleación que supuestamente no se degrada con el
tiempo), fijando la medida de un metro. Esta barra se conserva
en el pabellón de Breteuil en Sèvres (Hauts-de-Seine). En 1960,
con la llegada del láser, la Conferencia General de Pesos y Medidas
(CGPM) definió el metro de una forma bastante más confusa
para el profano: 650 763,73 longitudes de onda de una radiación
naranja emitida por el isótopo 86 de kriptón. De manera aún
más hermética, la Conferencia de 1983 redefinió el metro como
la distancia recorrida por la luz en el vacío en 1/299 292 458
segundos. Dado que, según la teoría de la relatividad, la velocidad
de la luz en el vacío es la misma en cualquier punto, esta definición
se considera la más precisa.

QUÉ VER EN LOS ALREDEDORES

El claustro del antiguo seminario de Saint-Sulpice ⑬

9, place Saint-Sulpice
Metro: Saint Sulpice

La oficina de impuestos del VI *Arrondissement* no es particularmente llamativa, pero vale la pena asomarse al antiguo claustro, de estilo florentino. El seminario se empezó a construir en 1645. Cerrado durante la Revolución, fue finalmente destruido durante el Imperio. Su reconstrucción comenzó en 1820 y añadió un hospital para los enfermos de cólera. Los últimos seminaristas abandonaron el lugar en 1905.

Museo Édouard-Branly ⑭

Institut Catholique de Paris (planto baja) - 21, rue d'Assas
Cita previa en: 01 49 54 52 40

Las tres salas del laboratorio de Édouard Branly, inventor de los radioconductores y antiguo profesor de física de la Universidad Católica, han sido transformadas en museo. La exposición presenta algunos de los instrumentos que inventó, como el primer mando a distancia o la magnífica «Cámara del Nautilus», una verdadera jaula de Faraday recubierta de cobre para aislarla de los campos eléctricos. También se puede ver el despacho intacto del profesor, con vistas al convento des Carmes.

Vestigios de dos burdeles en Saint-Sulpice

En el 36 de la rue Saint-Sulpice, la placa con el número de la calle se hizo mas grande de lo normal a propósito. Este detalle era un signo que permitía localizar más fácilmente la mayoría de los burdeles parisinos. Observe lo angosto del edificio, que no tiene más que una ventana por piso. Los hombres de sotana, numerosos en este distrito, formaban parte de la clientela de una tal Miss Betty. De igual manera, en el número15 de la rue Saint-Sulpice, aún se ve el nombre de la Madame, Alys, en el suelo del portal. En el apartamento del segundo piso, la cocina ocupa lo que un día fue el hammam del burdel y está adornada con detalles de porcelana, entre ellos una mujer rubia con curvas (véase página 49).

EL GNOMON DE LA IGLESIA SAINT-SULPICE

El instrumento astronómico
del Código Da Vinci

Place Saint-Sulpice
paroisse-saint-sulpice-paris.org
Todos los días de 7:30 a 19:30 h

La iglesia de Saint-Sulpice, hoy invadida por los turistas que quieren verificar lo que se cuenta en *El código Da Vinci*, posee un verdadero gnomon que data del siglo XVIII. Situado en el ala izquierda del transepto, este instrumento de medida astronómica está conformado por una varilla vertical que proyecta la sombra del sol o de la luna sobre una superficie horizontal, con el fin de medir su altura sobre horizonte. Este gnomon está constituido por un obelisco de mármol blanco de casi 10 metros, coronado por una esfera de la cual desciende un hilo de cobre, (en realidad es latón) que se prolonga unos 40 metros atravesando el suelo del coro y del transepto norte coincidiendo con un meridiano.

Encargado en 1727 por el cura de la parroquia con el fin de determinar de manera precisa el equinoccio de marzo y el Domingo de Pascua, este meridiano fue concebido inicialmente por el relojero Henri de Sully, que quiso realizar un gnomon capaz de dar la hora del mediodía en todo París. Sin embargo, murió antes de terminar su ambicioso encargo. El trabajo fue retomado y modificado en 1743 por el astrónomo Pierre Charles Le Monnier, quien, asistido por el ingeniero Claude Langlois, concibió el famoso hilo de cobre rosado encastrado en el suelo de mármol. Hoy en día, este meridiano sólo funciona parcialmente, debido a que uno de los dos «ojos» de la vidriera que dejan pasar los rayos del sol está mal ubicado. Su funcionamiento, sin embargo, está detalladamente explicado en un texto que se encuentra a pocos pasos del gnomon. Debido a las numerosas afirmaciones que figuran en la novela de Dan Brown y que conciernen particularmente a este famoso meridiano, a la explicación se ha añadido un texto para esclarecer las dudas de los curiosos. Comienza así: «Contrariamente a las alegaciones fantasiosas contenidas en una exitosa novela reciente, la línea del meridiano de Saint-Sulpice no es un vestigio de un templo pagano que habría existido en este lugar [...]».

La ménsula, factor de propagación de incendios

Las ménsulas (voladizos) fueron prohibidas en París en 1550. En aquella época, las casas eran esencialmente de madera y los saledizos, que acercaban ambas fachadas de la calle, eran una de las causas principales de la propagación de los incendios.

¿Por qué la rue de Rennes comienza en los números 41 y 44?

En el proyecto original, la calle debía partir del Sena pero por azares de la historia las obras comenzaron en el lugar donde empieza actualmente y cuando estuvo claro que no llegaría hasta el río era demasiado tarde para volverla a numerar.

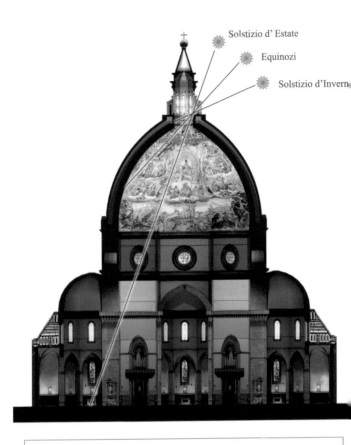

Solstizio d' Estate

Equinozi

Solstizio d'Invern

El nombre «bisiesto» debe su nombre al hecho de que el día que se añadía era insertado entre el 24 y el 25 de febrero. Según la denominación latina, el 24 de febrero era el sexto (sextus) día antes de las calendas de marzo, de ahí el nombre «bis sextus» para el día adicional. Según el calendario romano, se denominaba calendas al primer día del mes.

¿Cómo funciona una meridiana?

Las meridianas se componen de un pequeño agujero en altura que permite la entrada de un rayo de sol y de una línea orientada exactamente en el eje norte-sur. Este agujero se llama agujero gnomónico (gnomon, guía en griego) y el rayo de sol sobre la línea en cuestión cumple perfectamente la función de la sombra en los cuadrantes solares tradicionales.

Para que fuera eficaz, el agujero debía situarse lo más alto posible (de ahí el interés por las catedrales, véase el siguiente párrafo: ¿Por qué se han instalado meridianas en las catedrales?), y debía medir una milésima parte de la altura a la cual se situaba. Dicho agujero tenía obviamente que colocarse en el lado sur para dejar pasar el rayo de sol, situado al sur, en el hemisferio norte. Por lo tanto la línea meridiana partía del punto situado exactamente en la vertical del agujero, algo que no era fácil de calcular hace unos siglos. La longitud de la meridiana dependía de la altura del agujero y en ciertos casos, cuando el edificio no era suficientemente largo para poder trazar en el suelo la línea meridiana completa, se añadía un obelisco al final de esta (véase, por ejemplo el obelisco de la iglesia San Sulpicio de París).

Evidentemente, en verano, cuando el sol está en lo más alto, el rayo de sol traza la línea meridiana más cerca de la pared sur, por lo tanto al principio de la meridiana, mientras que en invierno, es a la inversa, los rayos de sol, más bajos en el horizonte, tocan el extremo de la línea. El gran principio de la meridiana es que a mediodía, hora solar, el sol está en la cima de su trayectoria y los rayos caen verticalmente siguiendo la perpendicular del eje norte sur.

Una vez considerado este aspecto, hallándose la línea meridiana sobre este eje, entendemos mejor por qué, cuando el rayo de sol toca dicha línea, sabemos que es exactamente mediodía, hora solar.

Por extensión, en función de la posición del rayo de sol sobre la línea, es también posible determinar el día del año: el rayo de sol solo alcanza el punto situado justo al principio de la línea, el día del solsticio de verano y el punto situado al final de la línea, el día del solsticio de invierno. Con la experiencia, se determinó y se inscribió luego, sobre algunas meridianas, los días del año en que se realizaron las observaciones.

Las cartas estaban echadas, y mediante la observación del sol sobre la línea meridiana, se podía determinar los diferentes días del año como el Domingo de Pascua, la gran apuesta histórica, científica y religiosa de estas meridianas. Por fuerza, también se podían determinar los diferentes periodos correspondientes a los signos del Zodiaco, lo que explica por qué se ven con frecuencia, a lo largo de estas líneas, los símbolos de estos signos.

UNA VISITA AL SENADO

⑯

Los tesoros del Senado

Palais du Luxembourg
15, rue de Vaugirard
Reservas en el 01 42 34 20 01
Visita gratuita
Metro: Saint Sulpice o Mabillon

Es obra del arquitecto Salomon de Brosse. Fue un encargo de la reina María de Médici, que deseaba un palacio similar al Palacio Pitti de Florencia.

El Palacio de Luxemburgo alberga actualmente la sede del Senado, y es sin lugar a dudas uno de los palacios más bellos y menos conocidos de la República. Suele olvidarse con frecuencia que es posible visitarlo sin mayor problema, y que no es necesario esperar hasta las visitas masivas de las Jornadas de Patrimonio. El artículo 33 de la Constitución estipula que las sesiones del Parlamento son públicas. En realidad, cualquier ciudadano puede presentarse a las puertas del Senado o de la Asamblea Nacional para asistir a una sesión. Pero mientras que en la Asamblea los asientos son caros y limitados, el Senado abre fácilmente (y gratis) sus puertas a quien desee venir a ejercer concienzudamente su rol de ciudadano (véanse las condiciones de acceso en el recuadro inferior).

Aunque el Palacio de Luxemburgo es la sede del Senado desde 1799, anteriormente albergó un museo (entre 1750 y 1780) y una cárcel (durante la Revolución). La visita no sólo permite ver a los senadores injuriarse o quedarse dormidos, lo cual resulta siempre instructivo, sino también admirar el rico patrimonio del lugar: la Sala de Conferencias, por ejemplo, antigua Galería del Trono, de 57 m de largo y realizada en 1852 por Alphonse de Gisors, o la célebre Biblioteca, decorada por Delacroix en 1845, y los Salones de Boffrand (siglo XVIII).

© Photo Sénat/L. Poyet

¿Cómo visitar el Senado?

- Ir al nº 15 de la rue de Vaugirard un día de sesión (generalmente martes, miércoles o jueves; también otros días e incluso las noches durante el debate presupuestario a final de año) con un documento de identidad. Horario de las sesiones y orden del día al 01 42 34 20 01. Entradas para el púbico (a la tribuna) hasta agotar aforo.
- Jornada de puertas abiertas, generalmente en sábado: journée du Livre d'économie (enero), journée du Livre d'histoire (junio), etc. Las jornadas se anuncian en el sitio web del Senado: senat.fr
- Visitas individuales un sábado al mes, a las 10:30 h o a las 14:30 h, organizada por el Centro de Monumentos Nacionales (01 44 54 19 49).
- Visitas grupales: más información en senat.fr
- Jornadas de Patrimonio (generalmente el tercer fin de semana de septiembre).

MUSEO DE HISTORIA DE LA MEDICINA

No olvidar el cuerpo desollado

Université de Paris V - René Descartes
12, rue de l'École-de-Médecine
01 76 53 16 93
u-paris.fr/musee-de-lhistoire-de-la-medecine
Visitas de 14 a 17:30 excepto jueves, domingo y festivos
Visitas guiadas todos los martes a las 14:30 h, excepto durante las vacaciones escolares
Metro: Odéon

En el segundo piso de la Escuela de Medicina, en una larga y hermosa sala decorada con vidrieras y galerías de hierro forjado, se encuentra el insólito Museo de Historia de la Medicina. Les da la bienvenida un maniquí, a escala natural, de un completísimo cuerpo humano al que sólo le falta la piel. A continuación se descubre la colección más antigua de Europa, que resume la asombrosa historia de la medicina y de la cirugía desde la Antigüedad clásica hasta el siglo XIX. Escalpelos, trépanos, sierras y bisturíes están expuestos junto a verdaderas obras de arte, como el instrumental para practicar circuncisiones del siglo XVII, realizado en plata y ágata. Hay otras piezas de gran interés histórico, como el escalpelo de Félix, el cirujano de Luis XIV, o la maleta de médico del doctor Antommarchi, que realizó la autopsia de Napoleón.

QUÉ VER EN LOS ALREDEDORES

El museo de los Compagnons du Tour de France

10, rue Mabillon
Lunes a viernes de 14 a 18 h
Entrada gratuita

A pesar de su nombre, no tiene nada que ver con la carrera ciclista; al igual que otros tres museos de París, el museo documenta sobre la preparación que todo joven aprendiz debía realizar hasta convertirse en un artesano (ver página 348). El personal de recepción estará encantado de responder a todas sus preguntas al respecto.

La estrella del edificio del 12, rue de Buci

En el primer piso del edificio del número 12 de la rue de Buci, el visitante en busca de lo insólito observará una curiosa estrella esculpida en la fachada. Se trata de un símbolo masónico llamado la *Estrella brillante*, que simboliza el segundo grado en la jerarquía masónica. En 1732, el edificio albergó la primera logia masónica de París.

La Cour de Rohan (el patio de Rohan) ⑳

Acceso por la Cour de Commerce-Saint-André o rue du Jardinet (hasta las 20 h)

Formado por tres pequeños patios sucesivos, el encantador patio de Rohan debe su nombre al Hôtel des Évêques de Rouen, cuyo nombre acabó transformándose en *Rohan*.

Este patio ha comunicado con la Cour de Commerce-Saint-André desde 1971 y conserva partes de la muralla de Felipe Augusto, visible en los números 3 y 7. Una de las torres (que ahora es una residencia privada) se encuentra en la Casa de Cataluña, ubicada dentro de la Cour. El segundo patio esconde un antiguo *pas de mule* (paso de mula) en hierro forjado, cuya función era ayudar a las mujeres y a los ancianos a montarse en el caballo. El tercer patio, que desemboca en la rue du Jardinet, ha conservado un pozo con polea y brocal.

LA ESTATUA DE LA MUERTE

Una sobrecogedora representación de la muerte

15, rue de l'École-de-Médecine
Metro: Odéon

Como si no fuera bastante con la experiencia del temible Museo Dupuytren, a pocos pasos de la puerta de salida nos encontramos con una estatua de la muerte. Esto es suficiente para hacernos temer por la salud mental de los estudiantes y profesores de la Facultad de Medicina René Descartes...

Al salir del museo, atraviese el claustro. A la izquierda, en una esquina, encontrará esta escultura de un realismo sobrecogedor. Fue concebida por Allouard en 1910, y posee todos los atributos clásicos de la muerte, incluyendo la guadaña y los símbolos del orgullo y de la vanidad humana: una corona, un cofre de tesoros, una espada, joyas, gemas, un cetro...

Al igual que el museo vecino, no es una imagen apta para niños.

QUÉ VER EN LOS ALREDEDORES

El refectorio del Convento de los Cordeliers

15, rue de l'École-de-Médecine
Información sobre las exposiciones temporales en el sitio web: mam.paris.fr
refectoiredescordeliers.rivp.fr - 01 77 75 11 00

Del famoso *Couvent des Cordeliers** lo único que queda hoy es el refectorio, bello ejemplo del gótico flamígero, edificado a finales del siglo XV. El convento, lugar de devoción religiosa, albergó entre 1790 y 1794 la sede del famoso Club des Cordeliers, entre cuyos miembros estaban Danton y Marat. Este último, asesinado por Charlotte Corday, fue enterrado en el jardín del convento. Este bello edificio de más de 900 m², iluminado por grandes ventanales ojivales y cubierto por una impresionante estructura de madera, es utilizado para presentar exposiciones temporales.

* *El nombre «Cordeliers» designaba a una orden mendicante de monjes franciscanos, que adoptó este nombre en alusión al cordón que portaban en la cintura.*

La casa de Auguste Comte

10, rue Monsieur Le Prince
01 43 26 08 56 - augustecomte.org
Martes de 18 a 21 h y miércoles de 14 a 17 h

Restaurada en los años 60 gracias a Paulo Carneiro, Embajador del Brasil ante la UNESCO, la casa de Auguste Comte, fundador del positivismo (véase página 63), permanece aún hoy tal como estaba en el momento de su muerte. La visita, que puede efectuarse en unos cinco o diez minutos, es más que nada una oportunidad para interesarse por el positivismo y, eventualmente, para formularle alguna pregunta a la persona encargada. No es de extrañar que el apartamento fuera rehabilitado por un brasileño. La mayoría de los adeptos al positivismo se encuentran actualmente en Brasil, país en el que hay muchos adeptos a lo espiritual y al esoterismo.

LOS SECRETOS DE LA ESCUELA DE BELLAS ARTES

Toda la magia de París

14, rue Bonaparte
01 47 03 50 74
beauxartsparis.fr
Metro: Saint Germain des Prés

La Escuela de Bellas Artes, construcción que ocupa dos hectáreas en pleno corazón del barrio de Saint-Germain-des-Prés, es uno de esos lugares que hacen de París una ciudad mágica. Algunos de los edificios que rodean la escuela datan del siglo XVII, y esto, sumado a que las obras de los estudiantes están expuestas por todas partes, crea una atmósfera romántica inigualable. La parte más antigua es la capilla y los edificios contiguos, construidos a principios del siglo XVII para el convento de los frailes Petits-Augustins y financiados por la Reina Margot. Se dice que se construyeron con dinero *mal acquis* (de dudosa procedencia), y de ahí el nombre del cercano Quai Malaquais.

En 1795, la capilla perdió su vocación inicial y Alexandre Lenoir (1761-1839) instaló en ella el Museo de Monumentos Franceses. Ésta fue cedida a la Escuela de Bellas Artes (École des Beaux-Arts) cuando cerró el museo, en 1816. Hoy en día la capilla alberga numerosas copias del Renacimiento italiano y francés: *La puerta del paraíso*, obra original de Ghiberti que decora el Baptisterio de Florencia, o una copia realizada por Xavier Sigalon de *El Juicio Final* de Miguel Ángel. La visita prosigue por el patio acristalado (1832), cuya arquitectura sirvió de inspiración a Labrouste para edificar la sala de lectura de la Biblioteca Imperial (hoy en día Biblioteca Richelieu, véase página 37). El Anfiteatro de Honor, también conocido como el hemiciclo de los premios, es célebre por el cuadro de Paul Delaroche, *La Renommée distribuant des lauriers* (La fama repartiendo los laureles).

La construcción del palacio de estudios, del espacio de exposiciones y del edificio de exámenes son obra del arquitecto François Debret cuyo trabajo fue continuado por su pupilo y cuñado Félix Duban. Ellos también se encargaron de la reforma del patio de entrada, del patio de la capilla y del magnífico patio de Mûriers, un claustro de auténtico estilo florentino.

En 1883, la compra del Hôtel de Chimay y de sus anexos en los números 15 y 17 del Quai Malaquais, permitió hacer una última ampliación de la escuela. A menudo, el portero de la entrada que queda en la rue Bonaparte confunde a los visitantes con estudiantes, por lo que es posible explorar el magnífico claustro –ubicado justo a la derecha de la entrada– sin ser molestado.

QUÉ VER EN LOS ALREDEDORES

La sala de sesiones de la Academia de Medicina ㉕

16, rue Bonaparte
01 42 34 57 73
Sesión pública los martes por la tarde; para saber la hora exacta y el tema de la sesión, ver el sitio academie-medecine.fr

Las sesiones públicas de los martes por la tarde, aunque sean muy especializadas, son una excusa excelente para acudir a este lugar.

Queda justo al lado de la Escuela de Bellas Artes y es muy poco conocido entre los parisinos.

Preste especial atención a la magnífica sala de sesiones, decorada con un busto de Hipócrates de 2,70 metros esculpido en mármol por Dimitriadis, y también a la galería de bustos (Houdon, David d'Angers...) así como a la pequeña y encantadora biblioteca.

La Academia fue creada en 1820 por Luis XVIII para responder de manera oficial a las demandas del gobierno relacionadas con la sanidad pública, y para difundir los resultados de la investigación médica.

©marionbarat

Un vestigio de la muralla de Felipe Augusto en un parking

㉖

27, rue Mazarine

El parking de la rue Mazarine alberga en el primer subsuelo un vestigio importante de la muralla de Felipe Augusto (véase página 81). El acceso sólo es posible a pie. Una placa indica el emplazamiento del muro.

Un sorprendente edificio de hormigón en el número 1 de la rue Danton

㉗

El edificio del número 1 de la rue Danton, lo construyó François Hennebique para uso particular. Un detalle que muchos pasan por alto es que, aunque parece de piedra, en realidad está realizado enteramente de hormigón. El hormigón armado fue inventado por la compañía de Hennebique, que obtuvo la patente en 1892 y en 1898 instaló la sede en este edificio.

Quebec en Saint-Germain-des-Près

La Place du Québec, en el cruce del Boulevard Saint-Germain con la rue de Rennes y la rue Bonaparte, debe su nombre al hecho de que el primer obispo de Quebec, Monseñor François de Montmorency-Laval, fue consagrado justo enfrente, en la iglesia Saint-Germain-des-Prés, en 1674. La plaza alberga una fuente muy curiosa que a los habitantes del distrito les cuesta interpretar: el amontonamiento de losas, en teoría, representa el deshielo de los ríos canadienses.

El café *Le Québec* completa las referencias en el distrito a la provincia canadiense.

PIRÁMIDE DEL HÔTEL DES MONNAIES

De la que se olvidó El Código Da Vinci

11, quai de Conti
Metro: Pont Neuf, Louvre-Rivoli u Odéon

La «pirámide» del Hôtel des Monnaies es, junto al obelisco-gnomon de Saint-Sulpice y al cañón del Palais-Royal (cuando funcionaba), uno de los meridianos de París que indican el mediodía a partir del movimiento solar. Se encuentra en la esquina de uno de los patios del Hôtel des Monnaies y se cree que es de 1768.

QUÉ VER EN LOS ALREDEDORES
La biblioteca Mazarine ㉙

23, quai de Conti
01 44 41 44 06
bibliotheque-mazarine.fr
Lunes a viernes de 10 a 18 h, clausura anual: 1-15 de agosto
Abierto al público, registrándose en el lugar

La maravillosa Biblioteca Mazarine está indisolublemente ligada a su fundador, el Cardenal Mazarino, cuyo escudo de armas está expuesto en la fachada del edificio, en las marqueterías de la sala de lectura y en la marroquinería de las encuadernaciones. Para acceder a sus salas bastan dos fotos y un documento de identidad.

La mayor parte de los libros pertenecen a la colección personal que el cardenal reunió en su residencia particular. La biblioteca fue abierta a los académicos y a los hombres de letras en 1643, convirtiéndose así en la biblioteca pública más antigua de Francia. Con el fin de evitar que sus fondos se desperdigaran tras su muerte, Mazarino la donó al Collège des Quatre-Nations, cuya ala izquierda fue destinada a albergar la biblioteca que fue enteramente trasladada, incluso con sus muebles. La Biblioteca Mazarine fue integrada en 1945 en el Institut de France, que ahora ocupa el edificio del antiguo Collège des Quatre-Nations. Además de sus libros antiguos, la biblioteca tiene una magnífica escalera neoclásica, que conduce a la impresionante sala de lectura de 65 m de largo y 8 m de altura. En esta sala se intercalan 32 filas de estanterías y 18 ventanas. También está decorada con objetos de arte procedentes en gran parte de los embargos revolucionarios.

La Academia francesa obligó a desviar la línea 4 de metro

El sorprendente giro hacia el este que toma la línea 4 de metro entre Saint-Germain-des-Prés y Les Halles se debe a las vibraciones que produce su circulación. En línea recta, el metro habría pasado bajo la sala de sesiones de la Academia Francesa (Institut de France), pero las vibraciones habrían perturbado a los académicos mientras trabajaban.

7° Arrondissement

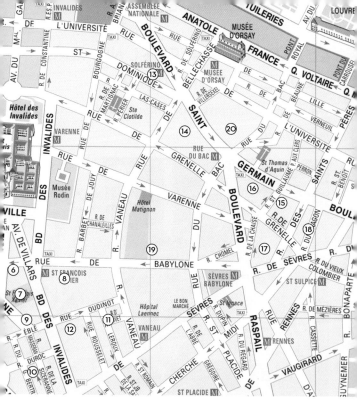

EL FALO GIGANTE DEL NÚMERO 29 DE LA AVENUE RAPP ①

Un inmenso falo invertido en la puerta de entrada

RER: Pont de l'Alma

La fachada del edificio del número 29 de la avenue Rapp, premiada en el concurso de fachadas de 1901, es una obra maestra de Lavirotte. La puerta de entrada, coronada con un busto de mujer (que podría ser el de su esposa) en medio de Adán y Eva expulsados del Paraíso, es relativamente conocida por los parisinos, pero muy pocos se han percatado de que el portón presenta un falo invertido. Basta con fijarse en la parte central de la puerta de madera (cuya talla es significativa), en la parte central de la vidriera y en las dos ventanas ovaladas de la parte superior... y sin duda lo verán. Lavirotte fue un fervoroso defensor del simbolismo sexual. En los balcones de la planta baja, también introdujo representaciones de un pene dentro de una vulva...

Contrariamente a lo que se pensaba, los propietarios del edificio eran el propio Lavirotte y su mujer, así como un tal Charles Combes. El edificio nunca fue habitado por el ceramista Alexandre Bigot, aunque muchos piensan –erróneamente– que utilizaba esta fachada como escaparate publicitario para sus creaciones. Lavirotte residía en el quinto piso del edificio vecino, en el número 3 del square Rapp. Pero es cierto que Bigot recubrió la fachada con sus famosas cerámicas flameadas, especialmente adaptadas para el uso arquitectónico.

Jules Lavirotte

Entre los arquitectos más célebres y representativos del *art nouveau* de París, Jules Lavirotte (1864-1929) fue sin lugar a dudas el más extravagante. Eliminó por completo la línea recta y los ángulos a favor de las curvas, y no se contuvo a la hora de decorar sus edificios con símbolos sexuales, lo cual no le impidió ganar el concurso «Ville de Paris» en tres ocasiones. En 1907, abandonó el *art nouveau* argumentando que sus imitadores no eran más que malos plagiarios que traicionaban la esencia misma del movimiento. Sus obras más célebres se encuentran en el número 29 de la avenue Rapp; en el 3 del square Rapp; en el 12 de la avenue Sédillot; y en el 34 de la avenue de Wagram (Hôtel Ceramic, véase página 165). Otros edificios menos espectaculares pueden verse en los números 134 y 151 de rue de Grenelle; nº 23 de avenue de Messine; n 169 de boulevard Lefebvre y nº 2 de rue Balza at Franconville (Villa Dupont).

Otros falos de cerámica

El edificio del número 12 de la avenue Sédillot, fue la primera construcción de Lavirotte. El del número 3 del square Rapp, exhibe símbolos sexuales bastante explícitos (¡especialmente los falos en cerámica de los balcones del cuarto piso!).

EL MONUMENTO
A LOS DERECHOS DEL HOMBRE

*Celebración francmasónica del bicentenario
de la Revolución*

Champ de Mars - Metro: École Militaire

os jóvenes que suelen jugar al fútbol frente a los escalones, seguramente nunca se han percatado de que se encuentran ante uno de los monumentos más intrigantes de París. Encargado en 1989 por la Ville de Paris para conmemorar el bicentenario de la Revolución Francesa, el monument des Droits de l'Homme del Champ de Mars debe sus numerosas referencias esotéricas a Michel Baroin, antiguo Maestro de la logia masónica del Gran Oriente, que estuvo al frente de la organización de este aniversario... El edificio, concebido por el escultor Ivan Theimer, es un pequeño templo de piedra inspirado en gran parte en símbolos egipcios y masónicos. También tiene un reloj solar, obeliscos triangulares, pirámides encastradas en la piedra, la Declaración de los Derechos del Hombre, numerosas representaciones astrológicas y esotéricas, varios símbolos solares, dibujos científicos, etc. En la parte del monumento que da hacia el Champ-de-Mars hay cuatro estatuas ataviadas con togas antiguas. La más sorprendente es la de un niño con un bonete cilíndrico, que posiblemente simboliza el aprendizaje del conocimiento.

QUÉ VER EN LOS ALREDEDORES

La chimenea de la Torre Eiffel ③

RER: Champ de Mars

Pocas personas se han fijado en la torrecilla de ladrillos rojos que se encuentra, escondida entre unos arbustos, trás el pilar oeste de la Torre Eiffel. Fue erigida al mismo tiempo que los cimientos de la torre, en 1887 y estaba unida a la sala de máquinas, situada en el pilar sur, por un canal que servía como chimenea.

La auténtica lápida de Napoléon ④

Exterior oeste de la iglesia de Les Invalides
Metro: École Militaire. RER: Pont de l'Alma

En el flanco izquierdo de la iglesia de los Inválidos, mirándola desde la entrada principal en la rue de Tourville, se encuentra, a los pies de un árbol y detrás de una pequeña arboleda, la auténtica, y discretísima, lápida de Napoléon (en tres partes). La trajeron de Santa Elena en 1840, junto con los restos (y no las cenizas estrictamente hablando) del Emperador, a bordo del barco La Belle Poule, que atracó en Cherburgo el 30 de noviembre de 1840. Seis días después trasladaron los despojos al barco de vapor Normandie, que entregó su preciada carga al barco La Dorade en el puerto de Valde-la-Haye, cerca de Ruan. Por lo tanto, fue el barco La Dorade, y no La Belle Poule, el que remontó el Sena hasta Courbevoie. Desde Courbevoie, el carro fúnebre pasó por los Champs Élysées para llegar a Les Invalides. El mármol blanco del altar mayor de la iglesia de Saint-Paul-Saint-Louis, que movieron de lugar y rehicieron en la época de Luis Felipe I de Francia, procede de los fragmentos de la tumba del Emperador en Les Invalides.

Los jardines verticales

Los jardines verticales, creados por el botánico Patrick Blanc, se han convertido en una moda parisina. Estos son algunos de los ejemplos que se pueden ver actualmente: El Museo del Quai Branly (VII *Arrondissement*), la boutique de Marithé et François Girbaud (VI *Arrondissement*, véase nuestra guía *Boutiques insolites à Paris*), el patio interior del Hôtel Pershing-Hall (VIII *Arrondissement*) y la Fundación Cartier (XIV *Arrondissement*).

La numeración del Quai d'Orsay, curiosamente, empieza en el número 33. En 1947, la primera parte del muelle se llamaba Quai Anatole-France. En él se ubica el Ministerio de Relaciones Exteriores mas conocido como Quai d'Orsay. No iban a trasladar la institución a otro lugar por lo que el muelle cambió de nombre.

OBRAS DE ARTE DE LA UNESCO ⑤

Picasso, Miró, Calder, Giacometti, Tadao Ando...

Agencia de las Naciones Unidas para la Educación, la Ciencia y la Cultura
7, Place de Fontenoy
Acceso sólo con cita previa - Visita guiadas: martes a las 15 h (en inglés) y
miércoles a las 15 h (en francés)
Se debe llevar un documento de identidad. Reservas en el 01 45 68 03 59
visits@unesco.org
Metro: La Motte Piquet o Ségur

© UNESCO/Dominique Roger

La UNESCO rebosa de obras de arte: alberga un jardín zen escondido, una terraza panorámica, más de 500 obras de arte de los mayores artistas contemporáneos, e incluso una creación sorprendente del arquitecto japonés Tadao Ando (quien estuvo a punto de construir el Musée Pinault en la isla Seguin). Desde la construcción del edificio, en 1958, se solicitaron obras de artistas famosos para decorarlo. Pablo Picasso, Joan Miró, Henry Moore, Alexandre Calder, Jean Arp e Isamu Noguchi contribuyeron con algunas obras especialmente concebidas para el lugar. En el vestíbulo del salón de conferencias se encuentra la obra más grande de Picasso: un acrílico sobre madera de 10 m de largo por 9 m de alto, que representa la trágica «caída de Ícaro». En el exterior, la obra de Noguchi es, sin duda, la más conocida. Lo que comenzó siendo un conjunto de esculturas para una terraza, acabó transformado en un auténtico «jardín japonés»; un oasis verde de tranquilidad. También se encuentran muchos otros nombres, como Giacometti, Brassaï, Appel, Tàpies, Chillida o incluso Bazaine. Pero no sólo pintores y escultores se han dado cita aquí. Al menos doce arquitectos participaron en el diseño de este edificio. Su estructura, en forma de Y, reposa sobre 72 pilares trapezoidales, y las tres fachadas de cristal se curvan siguiendo el diseño del hemiciclo de la place de Fontenoy. Marcel Breuer, Pier Luigi Nervi y Bernard Zehrfuss han puesto su firma en el edificio, supervisados por el padre de la Bauhaus, Walter Gropius y por Le Corbusier, Lucio Costa, Sven Markelius, Ernesto Rogers y Eero Saarine. También el arquitecto americano Philip Johnson, uno de los primeros teóricos del *estilo internacional* (la UNESCO es un ejemplo de este estilo), diseñó una de las salas. Más recientemente, en 1995, el arquitecto japonés Tadao Ando concibió lo que sería su única obra en París: un «espacio de meditación».

Se trata de un cilindro de hormigón erigido sobre un plano inclinado, donde el agua, al igual que los pensamientos, puede fluir eternamente. El séptimo piso de la sede de la UNESCO ofrece una magnífica vista panorámica de París, que se extiende desde la Torre Eiffel hasta la iglesia del Sacre-Coeur, en Montmartre.

LA ÚLTIMA CENA DE TINTORETTO ⑥

Una obra maestra de Tintoretto poco conocida

Iglesia Saint-François-Xavier
Sacristía de matrimonios
Sábado de 9 a 12 h o con cita previa
sfx-paris.fr
Metro: Saint François Xavier

La Sacristía matrimonial de la iglesia Saint-François-Xavier alberga una inesperada obra maestra de Tintoretto (1518-1594), uno de los grandes maestros del Renacimiento veneciano.

Este lienzo de *La Última Cena* fue realizado en 1559 para la capilla de la Scuola del Santissimo Sacramento de la iglesia de San Felice, en Venecia. La inscripción de la parte inferior derecha se hizo en memoria de aquellos que dirigían en la época esta cofradía laica, cuya misión principal era la conservación de la hostia: el gastaldo Girolamo Diletti, el vicario Salvador di Orsini y el escribano Marco de Marco. Sus rostros también fueron inmortalizados en la pintura, pero sólo se conservan los retratos del vicario y del secretario, en los extremos derecho e izquierdo de la escena. El diácono Diletti, acusado de mala gestión, fue eliminado del cuadro por su sucesor en 1560. Aunque Tintoretto pintó varias veces *La Última Cena*, este no era su tema favorito, como lo han hecho pensar algunos especialistas de arte. Simplemente se trataba de una escena muy solicitada por sus clientes.

Tintoretto se mostró siempre preocupado por no presentar a sus mecenas temas similares, razón por la cual modificaba constantemente sus representaciones realizando en cada ocasión momentos narrativos diferentes. Para *La Última Cena* de San Felice, privilegió el episodio en que se intenta identificar al traidor. Jesús acaba de anunciar que uno de sus discípulos lo traicionará, por lo que hay mucha agitación y los apóstoles se escrutan mutuamente tratando de identificar al responsable del miserable acto. La pintura involucra al espectador ya que revela el secreto que permanece oculto para los protagonistas de la escena: Judas, el traidor, es evidentemente el apóstol que nos da la espalda y que tiene, bien protegida en su mano, la bolsa repleta de dinero.

QUÉ VER EN LOS ALREDEDORES
Las plantas religiosas del jardín del presbiterio de ⑦
la iglesia Saint-François-Xavier
39, boulevard des Invalides
El jardín del presbiterio de la iglesia Saint-François-Xavier, abierto durante la Fête des Jardins de París y, en verano, los jueves por la tarde (para acoger a los padres de familia que se quedan solos en la ciudad durante las vacaciones), es un encantador jardín en el que abundan las plantas cuyo nombre hace referencia a la Iglesia. Entre ellas está la *monnaie du pape* (moneda de papa - Lunaria annua), el *poirier du curé* (peral del cura), el *fusain bonnet de prêtre* (bonete de sacerdote) y las *pâquerettes* (margaritas), que florecen en *Pâques* (Pascua).

EL CINE *LA PAGODE*

Un cine en una pagoda japonesa

57, rue de Babylone
01 45 55 48 48 - Cerrado en 2015
Metro: Saint Francois Xavier

Afinales del siglo XIX, el lejano Oriente se puso de moda y el dueño del almacén Bon Marché, François-Émile Morin, tuvo la genial idea de ofrecer como regalo a su mujer una pagoda japonesa auténtica. Fue así como el arquitecto Alexandre Marcel concibió un edificio inspirado en el santuario Toshogu de Nikko (norte de Japón). Poco después, sin embargo, su mujer lo abandonó y M. Morin puso la pagoda en venta. La Embajada de China en París, que buscaba un lugar en la capital, fue la primera en interesarse por el edificio. Su compra estuvo a punto de desatar un

incidente diplomático: en el último momento, los emisarios chinos se dieron cuenta de que los frescos del interior de la pagoda representaba una derrota de los chinos ante los japoneses...

La Pagoda fue transformada en cine en 1931 y catalogada como monumento histórico en 1986. Fue aquí donde Cocteau organizó el estreno de la película *El testamento de Orfeo*. Un encantador salón de té abre sus puertas sobre un pequeño jardín, que resulta muy agradable en los días soleados.

QUÉ VER EN LOS ALREDEDORES
La placa de las indulgencias de la iglesia Saint-François-Xavier

La iglesia Saint-François-Xavier conserva la memoria de una costumbre religiosa anacrónica, que hoy en día ya no se practica. Justo a la entrada, a la derecha del cuadro de Tintoretto, se puede leer: «Por rescripto del XXIII de diciembre MDCCCXCVII (1897), S.S. León XIII concede una indulgencia [...] por asistir a cinco servicios de la novena de la gracia, celebrados del IV al XII de marzo en la iglesia Saint-François-Xavier, y una indulgencia de cien días por cada servicio».

Musée Valentin Haüy ⑩

5, rue Duroc
01 44 49 27 27
avh.asso.fr
Metro: Duroc

Creado en 1886, el Museo Valentin-Haüy lleva el nombre del fundador de una escuela para ciegos en 1785. En sus salas se describe la historia de los invidentes y de los diferentes sistemas que les han permitido acceder a la lectura y a la escritura: desde la invención de la línea cursiva en relieve hasta la introducción del braille, pasando por todo tipo de objetos, máquinas y obras de arte creadas por o para invidentes.

Un mini distrito dedicado a los invidentes

El Musée Valentin Haüy está oportunamente situado justo al lado del Instituto Nacional de Jóvenes Ciegos, en el boulevard des Invalides. A dos pasos está la rue Valentin-Haüy, que en realidad se encuentra en el XV *Arrondissement*. La rue Maurice-de-la-Sezeranne, que se cruza con la rue Duroc, es un homenaje al fundador de la Asociación Valentin Haüy, que accidentalmente perdió la vista a la edad de nueve años.

El número 23 de la rue Oudinot ⑪
y el número 50 de la rue Vaneau

Si un residente abre la puerta, aprovechen para echar una ojeada a este pequeño rincón del paraíso: casas bajas, calles adoquinadas...

El jardín de la clínica Saint Jean de Dieu ⑫

19, rue Oudinot

Solicitándolo amablemente, es posible obtener acceso al magnífico jardín privado de esta clínica especializada en cirugía y en infecciones nosocomiales.

RASTROS DE OBÚS

Agujeros de bala en el ministerio

En el número 231 del boulevard Saint-Germain
Metro: Solferino o Assemblée Nationale

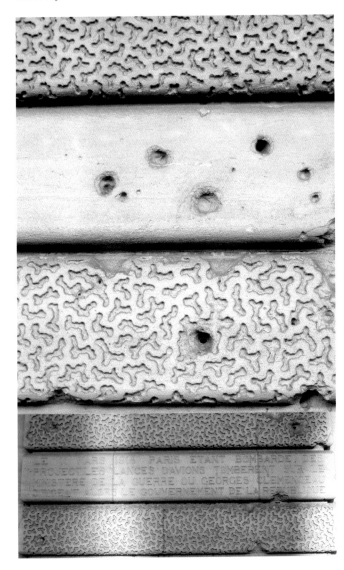

El antiguo Ministerio de la Guerra, que hoy en día alberga al Estado Mayor del Ejército, conserva en sus muros un inquietante testimonio de la Primera Guerra Mundial. Varios impactos de proyectil en la fachada del edificio son un recuerdo violento del bombardeo de París, que tuvo lugar el 11 de marzo de 1918. Un texto gravado en la piedra detalla los hechos. Si están interesados en este tipo de testimonios bélicos, deben saber que en París existen muchos más. Por ejemplo, los rastros de obús que marcan la fachada del Théâtre de l'Europe en el VI *Arrondissement*, al igual que la fachada del Tribunal Correccional en el IV, o, más sorprendente aún, la pequeña bala de cañón inscrustada, perfectamente visible en un muro del Hôtel de Sens (véase página 85), recuerdo de los días de la Revolución.

QUÉ VER EN LOS ALREDEDORES
El jardín de la Maison de l'Amérique Latine ⑭
217, Boulevard Saint-Germain - 01 49 54 75 10
Cerrado los fines de semana
Esta residencia urbana del siglo XVIII posee un excepcional jardín de estilo francés. Se puede disfrutar de él de dos maneras distintas: bien sea asistiendo a una de las numerosas exposiciones que regularmente se celebran en el lugar, o, simplemente, reservando una mesa en la terraza del restaurante (consulte la guía *Paris: Bars et restaurants insolites et secrets*, de la misma editorial).

© Maison de l'Amérique latine

BIBLIOTECA DEL PROTESTANTISMO

Una biblioteca sobre religión

54, rue des Saints-Pères
01 45 48 62 07 - shpf.fr - shpf2@wanadoo.fr
Miércoles, jueves y viernes de 10 a 17:30 h, cerrado lunes y martes, del 21 de diciembre al 1 de enero, cerrado en agosto y durante las vacaciones de pascua
Metro: Saint Germain des Prés

La Bibliothèque du protestantisme français es una hermosa sala de libre acceso inaugurada en 1885. Aunque en principio se trata de una biblioteca, se organizan con frecuencia pequeñas exposiciones que permiten conocer mejor los principios y la historia del protestantismo. Su ubicación no es producto del azar ya que se encuentra a sólo 50 m de la antigua Embajada de los Países Bajos, lugar que acogía a los protestantes parisinos para practicar el culto en los tiempos de las persecuciones religiosas. Es una hermosa sala de estilo *pre-Baltard* (Victor Baltard fue el arquitecto de las famosas estructuras metálicas de Les Halles) de 21 m de largo por 11 m de ancho, donde se conservan más de 180 000 volúmenes, entre los que se encuentran libros raros y diversos manuscritos, medallas, revistas, etc.

QUÉ VER EN LOS ALREDEDORES

La casa del Doctor Dalsace,
también conocida como «La Maison de Verre»

31, rue Saint-Guillaume

01 45 44 91 21 - mdv31@orange.fr

Visitas en grupo: previa inscripción en la asociación des Amis de Pierre Chareau

Escondida en el fondo de un patio, la casa del Doctor Dalsace fue en su tiempo una auténtica novedad. Fue construida entre 1928 y 1931 por los arquitectos Pierre Chareau y Bernard Bijvoet para el Doctor Dalsace, y fue catalogada monumento histórico en 1982. La casa está compuesta de tres pisos, aunque fue pensada con un estilo unificado. Su sofisticado diseño jugó con la transparencia de la fachada para crear una composición fluida del espacio, lo cual resultó muy vanguardista en su tiempo. La fachada que da hacia el patio está realizada enteramente en vidrio. Una estructura metálica sirve de soporte a las piezas de cristal. Los espacios íntimos y los salones están delimitados por dos juegos de puertas corredizas o giratorias, y los elementos de la estructura, al igual que las canalizaciones y los conductos, permanecen intencionalmente a la vista formando parte de la decoración. Un pequeño dato anecdótico: durante su construcción, la anciana que vivía en el último piso se negó a vender su apartamento, por lo que «la casa de vidrio» tuvo que ser construida finalmente bajo esta antigua residencia urbana, lo que le da un toque bastante original.

Square Récamier

Al fondo de la rue Récamier, el pequeño square Récamier es relativamente desconocido para los parisinos, debido a que la ruta de acceso es un callejón peatonal sin salida. Sin embargo, la plaza se sitúa sobre la concurrida rue de Sèvres, a pocos pasos de los almacenes Bon Marché.

QUÉ VER EN LOS ALREDEDORES

El jardín de la escuela de ciencias políticas ⑱

56, rue des Saints-Pères - Abierto durante las horas lectivas

Parte de la sede del muy reputado Instituto de Estudios Políticos de París, «*Sciences Po*», está instalado en un palacete urbano del siglo XVII, antigua residencia de Gabriel de Mortemart, padre de la Marquesa de Montespan. Aunque en teoría el magnífico jardín está reservado a los estudiantes de la escuela, por lo general es posible visitarlo si se solicita amablemente.

El jardín del instituto de la misión extranjera ⑲

128, rue du Bac
01 44 39 10 40 - missionsetrangeres.com - 128ruedubac@gmail.com
Abierto durante las Jornadas de Patrimonio (septiembre) o, para grupos, solicitando cita previa

El excepcional jardín del Seminario de la Misión Extranjera se puede visitar durante las jornadas de puertas abiertas del patrimonio cultural, o solicitando una visita de grupo. Chateaubriand evoca en sus escritos este inmenso jardín privado (1 hectárea), que debe su existencia a Bernard de Sainte-Thérèse, el fundador de la Misión Extranjera y Obispo de Babilonia (dio su nombre a la próxima rue de Babylone). El jardín está plantado con especies exóticas, generalmente traídas por los misioneros de sus viajes alrededor del mundo. Es por ello que aquí se encuentra uno de los dos especímenes de *Rosa soulieana* (traído del Tíbet en el siglo XIX) que existen en Francia.

Una esfera de oro macizo en el Palais-Bourbon

Desde la place du Palais-Bourbon, puede verse una sorprendente escultura contemporánea de Walter de Maria que decora el centro del patio principal de la *Asamblea Nacional*. Se trata de una enigmática esfera de granito negro que reposa sobre un pedestal de mármol blanco, y que esconde en su interior una esfera de oro macizo.

Un puente torcido: el Pont Alexandre-III

Pocos parisinos saben que el eje del puente Alejandro III está ligeramente descentrado con respecto al Sena. Lejos de ser un error del arquitecto, la orientación del puente se debe al intento de prolongar la perspectiva de la explanada de los Inválidos. El puente forma parte del «eje republicano», creado durante la Tercera República para la Exposición Universal de 1900. El puente rinde homenaje al Zar Alejandro III. Fue su hijo, Nicolás II, último zar de Rusia, quien durante una visita a París en 1896 puso la primera piedra. No muy lejos se encuentra la rue Franco-Russe, cuyo nombre conmemora el tratado entre las dos naciones, firmado durante la misma visita.

DEYROLLE

Un verdadero museo de ciencias naturales

46, rue du Bac
01 42 22 30 07 - deyrolle.com
Lunes 10 a 13 h y 14 a 19 h, martes a sábado 10 a 19 h
Metro: Rue du Bac

Deyrolle es un verdadero museo que se asemeja más a un gabinete de curiosidades que a un comercio. Se trata de una extraordinaria tienda donde ejerce uno de los últimos taxidermistas* de Francia, y el único de París (véase la guía *Boutiques insolites à Paris*, de la misma editorial).

Instalada desde 1888 en una residencia urbana del VII *Arrondissement*, la Maison Deyrolle fue fundada en 1831 por un amante de historia natural, Jean-Baptiste Deyrolle. Inicialmente, su primer y principal cliente era el Estado: los coloridos carteles y los animales disecados que animaban las aulas donde se enseñaban las ciencias naturales provenían de su tienda. Actualmente convertido en un paraíso para coleccionistas, decoradores y otros profesionales del cine y del teatro, Deyrolle exhibe impresionantes animales disecados (leones, elefantes, cebras...) y también una magnífica colección de insectos, mariposas, fósiles y minerales. Los curiosos también pueden encontrar originales o copias reeditadas de los famosos carteles pedagógicos. Se pueden comprar o alquilar animales procedentes de los cuatro continentes, pero hay que estar dispuesto a pagar por ellos: un conejo blanco cuesta 400 €; el inmenso alce del Canadá sale por 13 000 €; un magnífico faisán, o una nutria, por 480 €; y el famoso tigre por 30 000 €. Si el presupuesto no da para tanto, uno se puede contentar con una linda mariposa (desde 5 € hasta 300 €, según su singularidad) o con un extraño coleóptero. También se pueden disecar los animales de compañía excepto las especies protegidas, cuya caza está prohibida (salvo si obtiene un permiso especial).

Las farolas telescópicas del Pont du Carrousel

Las farolas de estilo *art déco* del Pont du Carrousel (construido en 1935) fueron forjadas en 1938 por el herrero y escultor Raymond Subes, e instaladas en 1946. Para no obstruir la perspectiva sobre el Louvre durante el día, las farolas tienen la particularidad de variar su tamaño. Cuando anochece, con el fin de iluminar el puente, las farolas se extienden y pasan de medir 12 m a 22 m de altura. Desafortunadamente, éstas no funcionan desde hace varios años y están a la espera de una reparación por parte de los servicios municipales de la ciudad.

* *Taxidermia: arte de preparar (disecar) los animales muertos para conservarlos con apariencia vital. Viene del griego taxis (arreglo, orden) y derma (piel).*

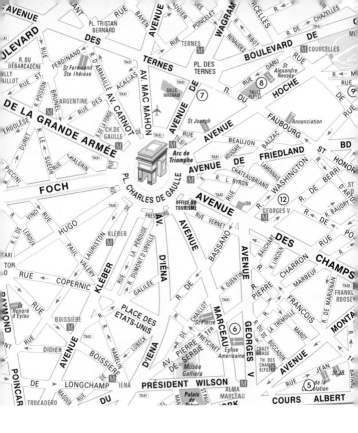

8° Arrondissement

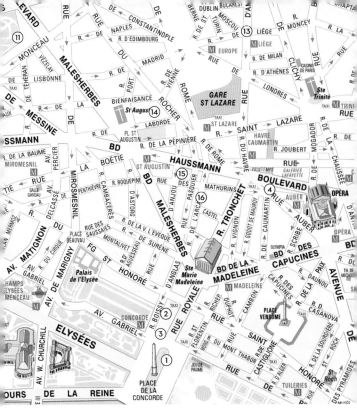

EL OBELISCO RELOJ SOLAR

El reloj solar más grande del mundo

Place de la Concorde
Metro: Concorde

Ofrecido por Mehmet Ali en nombre de Egipto en 1831, e instalado en la place de la Concorde el 25 de octubre de 1836 en presencia del rey Luis Felipe, este célebre obelisco es uno de los dos construidos por Ramsés II para la entrada del templo de Luxor. Desde 1999, el obelisco es el reloj solar más grande del mundo. En 1913, el astrónomo Camille Flammarion, fundador de la Sociedad Astronómica de Francia, propuso al Ayuntamiento de París trazar sobre la place de la Concorde «el mayor reloj solar del mundo». Se emplearía el obelisco como gnomon (véase página 121), y se grabarían los indicadores de las horas sobre la superficie de la plaza, pero la guerra de 1914 interrumpió el proyecto.

Veinte años después, en 1938, Daniel Roguet, arquitecto del observatorio de Juvisy, retomó la idea de Flammarion. Las obras comenzaron en la primavera de 1939, pero otra vez el proyecto quedó sin acabar por el comienzo de la Segunda Guerra Mundial. Aún se pueden ver al pie del obelisco, hacia la rue Royale, las cinco líneas que fueron marcadas en la calzada, una de las cuales todavía posee el metal original. Philippe de la Cotardière y Denis Savoie concluyeron el proyecto cincuenta años más tarde, inaugurándolo el 21 de junio de 1999.

Las líneas del reloj, realizadas en bronce, parten de la base del obelisco, atraviesan la calzada y llegan hasta las aceras de la plaza, en cuyo extremo los números romanos que van del VII al XVII marcan la hora solar.

Placa de la Plaza Louis-XVI

A pesar de lo sorprendente que pueda parecer, una placa de piedra con el nombre «Place Louis-XVI» aún subsiste en la esquina de la place de la Concorde y de la rue Boissy-d'Anglas. Evidentemente, ésta recuerda el nombre que se le dio a la plaza entre 1826 y 1828, y la decapitación del rey, que tuvo lugar en este mismo lugar el 21 de enero de 1793.

Pont de la Concorde

Para construir el Pont de la Concorde, finalizado en 1792, se usaron piedras de la prisión de la Bastilla, de modo que «la gente pudiera pisar continuamente la antigua fortaleza».

MUSEO MAXIM'S

El museo art nouveau de Pierre Cardin

Entrada: 3, rue Royale, por la puerta doble del restaurante
01 42 65 30 47
musee@maxims-de-paris.com
maxims-de-paris.com/fr/le-musee
Visitas restringidas, sólo previa cita

Desde 2004, el espacio ubicado sobre el famoso restaurante Maxim's atesora objetos modernistas y muebles que Pierre Cardin empezó a coleccionar 65 años atrás. Construida en 1758, la mansión del número 3 de la rue Royale constituye un escenario perfecto para esta co- lección, ya que el restaurante Maxim's y sus comedores fueron renovados al estilo *art nouveau* en 1899.

En las plantas 3ª y 4ª, Pierre Cardin ha reformado el apartamento de una cortesana parisina de la alta sociedad de principios de 1900, equipado con salón, comedor y habitaciones. La iluminación la proveen unas exqui-sitas lámparas Tiffany de Nueva York; las pantallas, de vidrio policroma-do, atenúan la intensa luz que desprenden las bombillas de filamento de carbón utilizadas en aquella época.

En la habitación principal, el mobiliario de madera de nogal tallada es de Majorelle, mientras que en la segunda habitación los muebles son de marquetería *escuela de Lyon* hechos con materiales valiosos como la madera de limón, de rosa y de amaranto. También hay objetos de época de plata, bronce, lino y porcelana – una muestra rica y fascinante de la *belle époque* (ver *art nouveau* , página 305).

QUÉ VER EN LOS ALREDEDORES

La orden de movilización general del 2 de agosto de 1914 ③

1, rue Royale
Metro: Concorde

Las paredes de París conservan huellas de las diferentes guerras o episodios sangrientos que han sacudido a la capital. Justo a la izquierda del restau-rante Maxim's, aún se puede ver una orden de movilización general del 2 de agosto de 1914. Sobre el polvoriento vidrio que protege el cartel, se puede leer: «El alcalde (el Doctor Philippe Maréchal) del VIII *Arron-dissement* informa a sus residentes que se declara la movilización general. El primer día de la movilización se fija para el domingo 2 de agosto (de medianoche a medianoche)». Sin embargo, es muy probable que el letrero tan sólo sea una fotocopia de los años 70.

Fachada del antiguo hamam de los maturinos ④

18, rue des Mathurins

La mayoría de las numerosas personas que trabajan en las oficinas del barrio de la Ópera no se fijan en la increíble fachada del 18, rue des Ma-thurins a pesar de que su aspecto morisco desentona con los edificios haussmanianos del barrio. La fachada recuerda que aquí hubo un *hamam*, al que las mujeres podían entrar por una entrada distinta, en el 47, boule-vard Haussmann.

QUÉ VER EN LOS ALREDEDORES

La fachada del número 40 del Cours Albert-Ier ⑤

Dado que el Cours Albert-Ier es lugar de paso de conductores apresurados, el edificio del número 40, del célebre maestro vidriero Lalique, es desconocido para los parisinos. Fue diseñado en 1911 como lugar de residencia, pero se utilizó también como taller y sala de exposiciones. Tiene una magnífica fachada cubierta de motivos vegetales. Fíjense en la puerta, cuyos cristales forman ramas de árbol.

La fachada del número 30 de la avenue Marceau ⑥

Construido entre 1913 y 1914 para su uso particular por André Granet, yerno de Gustave Eiffel, el edificio del 30 de la avenue Marceau es una magnífica construcción de estilo *art nouveau*. En lo alto de la fachada, observen los motivos ornamentales de ramas y piñas de pino.

El Hotel Céramic ⑦

34, avenue de Wagram

El Hotel Céramic es una bello ejemplo de arquitectura *art nouveau* de Lavirotte. Fue construido en 1904 y revestido con cerámicas de Bigot. Los efectos de volúmenes en la fachada anticipan ya la arquitectura moderna. Hoy en día, el edificio alberga un confortable hotel de tres estrellas cuya fachada es la mejor de las publicidades.

SAINT-ALEXANDRE-NEVSKY ⑧

*El lugar donde Picasso se casó con la bailarina rusa
Olga Koklova*

12, rue Daru
Martes y viernes 15 a 17 h; domingo 10 a 12:30 h y 15 a 18 h
Culto: domingo a las 10:15 h y vísperas y maitines a las 18 h
Metro: Ternes

Entre las numerosas iglesias ortodoxas de París, la catedral Alexandre Nevski, declarada monumento histórico en 1983, es sin duda la más conocida. Fue construida por iniciativa de Joseph Vassiliev, capellán de la Embajada rusa, gracias a una colecta de fondos realizada en Rusia (el Zar Alejandro II contribuyó con la elevada suma de 150 000 francos oro) y entre los rusos que vivían en Europa y que deseaban dotar a París con una iglesia ortodoxa digna de ese nombre.

La catedral fue inaugurada el 12 de septiembre de 1861. Su diseño estuvo a cargo de los arquitectos Kouzmine y Strohm, y fue bautizada en honor a un héroe nacional ruso, el Gran Príncipe Alejandro Nevski (1219-1263), canonizado por el trato humano que dio a su pueblo durante su reinado, por sus triunfos militares contra el invasor, su profunda sabiduría y su gran fervor cristiano. La catedral, puesta bajo la jurisdicción de Constantinopla (Estambul) en 1931, es la sede del arzobispado de las iglesias ortodoxas rusas de Europa occidental. Su estilo es moscovita. La estructura en forma de cruz griega, el mosaico del frontón y las cinco cúpulas doradas («como llamas de cirios»), que simbolizan a Cristo y a los cuatro apóstoles, le confieren un aspecto particular y sorprendente dentro del paisaje parisino.

En el interior está provista de iconostasios, muros recubiertos de iconos y pinturas sobre fondo dorado. Los servicios religiosos, cuyo rito se ha perpetuado a lo largo de dieciséis siglos, se celebran acompañados por los cantos de los popes, baños de incienso y el fervor palpable de la comunidad rusa del distrito. La iglesia tiene dos parroquias y oficia dos misas cada domingo: una en francés, en la cripta de la iglesia, para la parroquia de la Santa Trinidad; y la otra en eslavo, en la parte superior de la iglesia, para los parroquianos de Saint-Alexandre-Nevski.

Una anécdota curiosa: Pablo Picasso escogió esta catedral para celebrar sus nupcias con la bailarina rusa Olga Koklova. Sus testigos fueron Jean Cocteau, Max Jacob y Guillaume Apollinaire. Si desea observar –guardando absoluto silencio– uno de estos oficios religiosos, le recomendamos la gran misa ortodoxa celebrada por Pascua, que sin duda merece la visita, o bien la del 12 de septiembre, día de fiesta para toda la comunidad rusa en honor a su santo protector. El evento culmina con un pir, un magnífico banquete al estilo ruso.

LA PAGODA-PARIS

*Una asombrosa galería-museo instalada en una
pagoda china*

48, rue de Courcelles
01 45 61 06 93 - ct.loo@hotmail.fr
Jueves y domingo de 14 a 18 h, los demás días con cita previa
Metro: Courcelles, Saint Philippe du Roule o Monceau

En el corazón del barrio de Monceau, en medio de las típicas construcciones de estilo Haussman, se levanta una sorprendente pagoda china. La Pagoda-Paris fue erigida en 1926 sobre una antigua residencia urbana de estilo Luis Felipe. La diseñó el arquitecto francés Fernand Bloch para el anticuario chino Ching-Tsai.

Hoy en día la pagoda alberga la galería de arte asiática más antigua de París. Se trata de la única casa auténticamente china de la capital. Sus 600 m² repartidos en seis niveles y su refinada decoración interior constituyen un marco arquitectónico único.

Además de una puerta muy original, destacan las decoraciones en madera lacada china de los siglos XVII y XVIII; el techo de vidrio *art déco*; una soberbia galería india de madera tallada de los siglos XVIII y XIX; el ascensor de madera enteramente lacado... y la deliciosa atmósfera zen, donde el paso del tiempo ha dejado su huella. En este lugar es frecuente cruzarse con franceses y extranjeros (especialmente americanos), aunque también se ven coleccionistas, curiosos y decoradores en busca de muebles lacados contemporáneos que fabrica la galería. Hay mucho donde elegir: un banco chino de olmo del siglo XIX, por 1500 €; una soberbia pintura sobre seda del siglo XVIII, que representa a un grupo de damas de la corte, por 5500 €; piezas arqueológicas en terracota de las antiguas dinastías Han y Wei; o quizás un par de mecedoras en hongmu (una especie de caoba china) del siglo XVIII, por 18 000 €. Los presupuestos más reducidos pueden contentarse con las delicadas estampas chinas de los siglos XVIII y XIX, que oscilan entre los 120 € y los 180 €, o con objetos más modernos, como un vaso a 100 € realizado con cáscara de huevo lacada.

©Pagoda-Paris

LA PIRÁMIDE DEL PARC MONCEAU ⑩

Una misteriosa pirámide

Parc Monceau
Metro: Monceau

El parque Monceau está lleno de elementos curiosos: falsas ruinas románticas, columnas agrietadas... Pero el más sorprendente es una pirámide de piedra, en cuya puerta hay dos cabezas egipcias. La pirámide probablemente es un símbolo masónico (símbolo de inmortalidad), ideado por el arquitecto francmasón Bernard Poyet, que fue quien concibió las distintas construcciones del parque.

Parc Monceau: «Todos los templos y todos los lugares en un solo jardín»

Carmontelle empezó a diseñar este parque en 1778 para Philippe Égalité. Es el último vestigio parisino de los parques «anglo-chinos» (llamados «fabriques» en el siglo XVIII) que fueron construidos en la época: los parques de Bagatelle, Bastille y Clichy desaparecieron hace mucho tiempo. El parque Monceau fue diseñado con la intención de evocar, a lo largo de un recorrido iniciático, todo el conocimiento humano y las más brillantes civilizaciones, reunidas en un solo lugar. Se construyeron réplicas de Venecia, con un puente veneciano (aún existe); de Italia, con una viña (en esa época Venecia no formaba parte de Italia); de Grecia, con sus ruinas (también existen aún); de Egipto, con una pirámide (véase arriba); de China, con una linterna de piedra (aún visible); de Roma, con una naumaquia que aún subiste en el lado norte del parque (en el mundo romano, una naumaquia era una dársena donde se escenificaban espectáculos de batallas navales); de Holanda, con un molino (que ya no existe)...

QUÉ VER EN LOS ALREDEDORES

El museo Nissim de Camondo   ⑪

63, rue de Monceau
Miércoles a domingo de 10 a 16:45 h, cerrado lunes y martes
El Museo Nissim de Camondo es un museo maravilloso muy poco visitado. Se encuentra en una residencia urbana construida entre 1911 y 1913 por el arquitecto René Sergent, y alberga una magnífica colección de mobiliario y objetos de arte del siglo XVIII.

La Cité Odiot   ⑫

26, rue de Washington
La Cité Odiot, remanso de paz a muy pocos pasos de los Campos Elíseos, está construida sobre el emplazamiento de la antigua residencia del orfebre Jean-Baptiste Odiot, a quien le encargaron no sólo el relicario de Saint Vincent de Paul, sino la espada y el sepulcro imperial de Napoleón I. Alejado del tumulto, aquí se puede disfrutar de un amplio césped plantado de árboles y rodeado de edificios construidos en 1847.

LA ESTACIÓN DE METRO LIÈGE

Una de las más bellas estaciones del metro parisino

Metro: Liège

Enteramente cubierta de azulejos, esta –junto con la estación Arts-et-Métiers (véase página 61)– quizás sea la más bella de toda la red de metro. Anteriormente se llamaba «Berlín», pero cambió de nombre durante la Primera Guerra Mundial. Tras mucho tiempo cerrada, volvió a abrir en 1968 y fue redecorada con azulejos de Welkenraedt que evocan paisajes y monumentos de la provincia belga de Lieja. Desde el 4 de diciembre de 2006, gracias a las obras de modernización, la estación ya no cierra a las 20 h.

QUÉ VER EN LOS ALREDEDORES

El mojón limítrofe del número 4 de la rue de Laborde ⑭

Las fronteras de la ciudad en el siglo XVIII

Una discreta placa, sobre el muro del número 4 de la rue de Laborde, dice: «1729. En el reino de Luis XV, por orden del rey, se prohíbe expresamente construir en esta calle más allá del presente límite, bajo riesgo de aplicación de las penas estipuladas en los edictos de Su Majestad de 1724 a 1726». Este mojón, inicialmente asentado cerca de la rue de l'Arcade, marcaba los límites más allá de los cuales los parisinos no podían construir por razones de control de población y de aprovisionamiento. Esta prohibición, evidentemente, no fue acatada. Sin embargo, su presencia señala los límites que en algún momento tuvo la ciudad. Un total de 294 marcas de este tipo fueron fijadas sobre los muros parisinos en el siglo XVIII. Otra placa que subsiste de aquella época se encuentra en el número 304 de la rue de Charenton, en el XII *Arrondissement*.

¿Qué pasó con las rues de Berlin y de Hambourg?

Como puede adivinarse por su nombre, el Quartier de l'Europe, ubicado trás la estación de Saint-Lazare, está constituido por calles que llevan los nombres de las grandes ciudades europeas. La guerra de 1914-1918 contra Alemania, sin embargo, hizo que algunos de estos nombres cambiaran. La rue de Berlin se transformó en la rue de Liège (Lieja), y la rue de Hambourg (Hamburgo) en la rue de Bucarest. Tras la Segunda Guerra Mundial, la avenue de Tokyo, en el XVI *Arrondissement*, se convertiría en la avenue de New York.

LA CAPILLA EXPIATORA

En memoria del Rey

Square Louis-XVI
01 44 54 19 33
Octubre a Marzo: martes, jueves, viernes y sábado 10 a 12:30 h y 13:30 h a 17 h
Miércoles cerrado.
Abril a septiembre: Martes a sábado 10 a 12:30 h y 13:30 a 18:30 h
Metro: Saint Augustin

La Chapelle expiatoire, situada en el encantador square Louis-XVI, en la esquina del boulevard Haussmann y de la rue d'Anjou, fue construida entre 1816 y 1826 en memoria de Luis XVI. Después de ser guillotinado en la Place de la Concorde, su cuerpo fue transportado y enterrado aquí mismo, en el que fuera entonces el cementerio de la Madeleine.

A pesar de encontrarse en pleno centro de París, es sorprendente la calma que se respira en este interesante lugar —emotivo, para algunos— muy ilustrativo de este momento de la historia de Francia.

El cementerio se inauguró en 1721, y se hizo famoso porque acogió los cuerpos de las 133 personas que fueron arrolladas y asfixiadas (triste presagio de lo que vendría) en la rue Royale y la place Royale (la actual Plaza de la Concordia) durante los fuegos artificiales del 30 de abril de 1770, lanzados con motivo de la boda del Delfín, futuro Luis XVI, y de María Antonieta, la Archiduquesa de Austria. También fueron enterrados aquí los 900 guardias suizos encargados de proteger a la familia real, que fueron masacrados durante el ataque a las Tullerías el 20 de agosto de 1792. Igualmente, se encuentran las personas que fueron decapitadas el 26 de agosto de 1792 y el 24 de marzo de 1794, fecha en la que el cementerio fue definitivamente cerrado, después de que los vecinos se quejaran del pestilente olor que despedía. Guillotinado el 21 de enero de 1793, el Rey Luis XVI, como todos los decapitados, fue enterrado con la cabeza entre las piernas y recubierto con cal viva. Se le concedió, sin embargo, el derecho a un féretro abierto, y no fue enterrado en una fosa común, sino cerca del muro que bordea la rue d'Anjou.

El cuerpo de la Reina María Antonieta también fue enterrado aquí, el 25 de octubre de 1793. Tras la Restauración, el Rey Luis XVIII ordenó que se recuperaran los restos mortales de su hermano y los de la Reina, y los hizo trasladar al mausoleo real de Saint-Denis el 21 de enero de 1815. Él mismo se encargó de comprar los terrenos que habían sido vendidos a particulares para poder edificar la actual capilla conmemorativa.

El edificio, construido al estilo de las necrópolis grecorromanas, ocupa la totalidad de la superficie del antiguo cementerio de la Madeleine (900 m^2). El patio de acceso a la capilla está bordeado con pórticos por el norte y por el sur. Cada uno consta de nueve pilares y nueve tumbas vacías, en memoria de los 900 guardias suizos. Está situado en el lugar exacto donde fue encontrado el cuerpo de Luis XVI. Cada 21 de enero se celebra en este lugar una misa conmemorativa.

QUÉ VER EN LOS ALREDEDORES

Los altorrelieves del número 34 de la rue Pasquier

Observen las representaciones en altorrelieve de tiburones y camellos que adornan este edificio de estilo años 30. Fue construido en 1927 por Alexandre y Pierre Fournier para la Sociedad Financiera, Francesa y Colonial.

Rastros del régimen monárquico en la toponima parisina

Aunque actualmente Francia es una República orgullosa de sus conquistas políticas, la capital conserva varios restos de su pasado monárquico, como los nombres de sus calles y bulevares, además de las innumerables estatuas, bustos o monogramas reales en las fachadas de sus edificios. El Rey **Clovis** conserva una calle a su nombre, cerca del lugar donde eligió ser enterrado; **Carlomagno** posee una calle y un instituto de bachillerato; **Enrique IV** ha heredado un bulevar, un muelle, un puente peatonal, un puerto y otro instituto, y **Luis Felipe** un puente. Las referencias a **Luis XIII** son más indirectas: la rue Dauphine (Delfín) fue nombrada para rendirle homenaje cuando era el heredero al trono, condición que se mantuvo hasta 1607. Del mismo modo, la rue Louis-le-Grand y el instituto del mismo nombre hacen referencia a **Luis XIV**. La rue François-Ier no hace referencia directa al rey. Es el resultado de la remodelación de una fachada en un estilo que se conoció como **François Ier**. Las mujeres también están presentes: el Cours-la-Reine debe su nombre a **María de Médici**, que fue quien lo creó; la rue Sainte-Anne recuerda a **Ana de Austria**; y la rue Thérèse, a la Reina **María Teresa**. Por último, las rues de Berry, de Provence, Monsieur, Madame, Mademoiselle, d'Artois y Monsieur-le-Prince, al igual que las rues Mazarin, Richelieu y Colbert, hacen referencia a miembros de la familia real o a sus ministros. Incluso a **Luis XVI** se le ha rendido homenaje: además de la capilla expiatoria, las rues Tronchet y de Sèze y el Boulevard Malesherbes, próximos a la capilla, deben su nombre a los tres defensores que acompañaron al Rey durante el juicio. Por último, aunque la plaza fue rebautizada Place de la Concorde, aún subsiste una placa de piedra en la esquina de ésta y de la rue Boissy-d'Anglas en la que se puede leer «Place Louis-XVI».

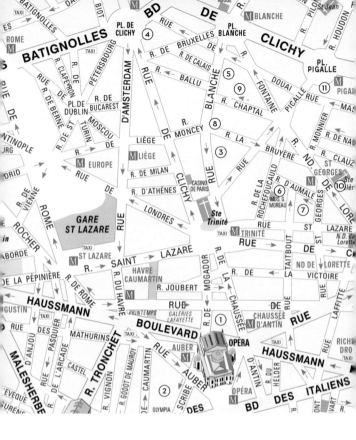

9° Arrondissement

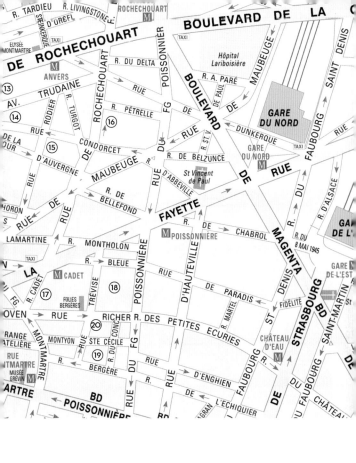

TECHO DE CRISTAL DE LA SEDE CENTRAL DE LA SOCIÉTÉ GÉNÉRALE

Un banco en todo su esplendor

29, boulevard Haussmann
Acceso en horas de oficina y durante las Jornadas de Patrimonio (septiembre)
Metro: Opéra

La Société Générale fue fundada en 1864, y su oficina central está instalada en un magnífico conjunto de siete edificios construidos durante el Segundo Imperio. Cuando la propiedad fue adquirida, en 1905, el arquitecto Jacques Hermant modernizó el edificio conservando las fachadas, remodelando toda la arquitectura interior y construyendo cuatro niveles en los sótanos para instalar las cajas fuertes. El conjunto fue inaugurado en 1912.

La sala principal, en la que hay una gran mostrador circular, el «fromage» (queso) se ubica bajo una inmensa cúpula de vidrio de estructura metálica (24 m de diámetro), obra de Jacques Galland. Los mosaicos del pavimento estuvieron a cargo de la casa Gentil & Bourdet de Boulogne-Billancourt.

Numerosos elementos de su arquitectura (las fachadas, el techo, el hall acristalado, la escalera principal, las salas que albergan las cajas fuertes) han sido declarados patrimonio histórico. Merecen especial atención las espléndidas salas que albergan los cofres, tanto por los mosaicos del pavimento como por la puerta blindada que pesa 18 toneladas y tiene 40 cm de espesor.

El visitante debe ser discreto; al fin y al cabo se trata de un lugar de trabajo.

Los techos de cristal del distrito de la Ópera

Grand Hôtel. 2, rue Scribe

Galeries Lafayette, 40, boulevard Haussmann
Lunes a sábado de 9:30 a 19:30 h (jueves hasta las 21 h)

Printemps, 64, boulevard Haussmann
Lunes a sábado de 9:35 a 19 h (jueves hasta las 22 h)

Existen en este distrito otras tres cúpulas de cristal, más conocidas incluso que las de la Société Générale: los planes de renovación urbanística dirigidos por el barón Haussmann durante la segunda mitad del siglo XIX, dieron como resultado una arquitectura de lujo que refleja los gustos de la época. Aunque el extenso hall del Grand Hôtel, construido en 1861, ya anunciaba el uso del color, la verdadera obra maestra se encuentra en el salón de recepción, con sus techos acristalados similares a una flor de oro y vidrio que reposa sobre una doble hilera de columnas corintias. Si la sala no está abierta, pida en la recepción del hotel que le dejen entrar. No muy lejos, los grandes almacenes de Printemps y las Galeríes Lafayette también exhiben hermosos techos acristalados. El de estas últimas se apoya sobre diez pilares metálicos, mientras que el de Printemps, en el sexto piso del edificio, es una obra maestra de estilo *art nouveau* concebida por Binet en 1911. Actualmente alberga un salón de té y salas de recepción (véase la guía *Paris bars & restos insolites*, de la misma editorial).

QUÉ VER EN LOS ALREDEDORES

El museo de la perfumería Fragonard   ②

9, rue Scribe
Metro: Havre Çaumartin, Opéra o Chaussée d'Antin
01 40 06 10 09
Lunes a sábado de 9 a 18 h (última entrada 17 h) – Solo visitas guiadas gratuitas

Creado en 1983 por iniciativa de la perfumería Fragonard, el museo traza la historia del perfume desde la época egipcia hasta el siglo XIX. Un laboratorio en miniatura explica los diferentes métodos de extracción a partir de las materias primas. Desafortunadamente, se trata de una visita muy comercial, y como todas las trampas para turistas ávidos de gastar, concluye en la boutique.

Geografía de la Ópera de París

Los nombres de las rues Auber, Meyerbeer, Halévy y Gluck, situadas alrededor de la Ópera Garnier, no son fortuitos: todas ellas llevan nombres de compositores del siglo XIX. Scribe, autor de libretos de ópera, también tiene su propia calle. Y Diaghilev, empresario ruso que contrató a coreógrafos y compositores tiene una plaza detrás de la Ópera.

LAS VIÑAS DEL PARQUE DE BOMBEROS DE LA RUE BLANCHE

Bomberos vinicultores

22-28, rue Blanche
Preguntar en el mismo parque por las fechas de la vendimia que se celebran a partir de septiembre
Metro: Trinité

Si los bomberos de la rue du Vieux-Colombier, en el VI *Arrondissement*, se han hecho famosos por la fiesta que organizan el 14 de julio, los bomberos de la rue Blanche no se quedan atrás. Tienen su propia festividad, en la que, unos días al año, se convierten en vinicultores. La magnífica parra que trepa por la fachada del edificio ofrece generosos racimos de uva de los que cada año se extrae un vino (¡sin alcohol!) bautizado con el nombre de Château-Blanche. Aunque la calidad del vino es discutible, la tradición se remonta a 1926. Desde hace 30 años se celebra una ceremonia de vendimia muy pintoresca, en la que participan bomberos, habitantes del distrito, niños callejeros e incluso las vedettes del Moulin-Rouge.

Se recogen más de 150 kg de uva en unos pocos días, los suficientes para fabricar unas 50 botellas numeradas y otras 150 más pequeñas para abastecer al propio parque de bomberos.

La vendimia de la rue Blanche es menos turística y sin duda más auténtica que la que se celebra en Montmartre, y ha sido frecuentada por personajes famosos, como Gérard Depardieu que se convirtió en propietario de la botella número 24 en 1997.

El evento tiene un ambiente distendido, y el jefe de bomberos satisfará su curiosidad relatando las tradiciones del lugar: una de ellas, por ejemplo, es que para garantizar la fertilidad de la parra, el primer racimo recogido debe ser pisado por la pareja (el bombero y su esposa) que se haya casado más recientemente. La etiqueta de la botella se escoge en función de los acontecimientos del año, y el nombre de cada cosecha es siempre el del jefe a cargo del parque.

El origen de la rue Blanche - el yeso en París

La rue Blanche (calle blanca) debe su nombre a las antiguas canteras de Montmartre, próximas a este lugar. Al transportar el yeso de Montmartre hasta el Sena para ser embarcado, era frecuente que cayeran de los carros pequeños trozos que cubrían el pavimento de polvo blanco. Gracias a la resistencia al calor de este material, París se libró de los incendios que arrasaron otras ciudades, como Londres. Bajo el reinado de Felipe el Hermoso, se promulgó un edicto que obligaba a cubrir de yeso la fachada de cada nueva casa. La abundancia de este material proporcionó a los edificios de la ciudad la uniformidad de materiales y colorido que tanto aprecian los visitantes.

EL CÍRCULO DE JUEGO DE CLICHY-MONTMARTRE

No apto para menores

84, rue de Clichy
01 48 78 32 85
Abierto todo el año
Sala de billares de 11 a 06 h
Sala de juegos de 16 a 06 h (se prohibe la entrada de menores)
Metro: Place de Clichy

La academia de billar del Círculo de Clichy-Montmartre, ocupa desde 1947 la antigua sede del restaurante *Boullions Duval* (primo hermano del todavía existente Boullion Chartier, no lejos de aquí). Este lugar, con sus 16 mesas (8 de billar americano, 5 de billar francés, 1 snooker y dos mesas de pool), hace las delicias de profesionales y aficionados de todas las edades, que aprecian la decoración de entreguerras iluminada por unas pocas lámparas y un gran techo de vidrio.

QUÉ VER EN LOS ALREDEDORES

Las manos del número 82 de la rue Blanche ⑤

El número 82 de la rue Blanche está indicado de una manera muy curiosa: dos manos, una de cada lado, parecen evitar que los dígitos se escapen.

El número 3, símbolo de la église de la Trinité

La iglesia de la Trinité está concebida a partir del significado simbólico del número 3, que el arquitecto Ballu empleó muchas veces para su construcción. El pórtico está constituido por tres arcos; el gran estanque tiene tres fuentes con tres pilas cada una; sobre la fuente del centro, una escultura de mujer sostiene entre sus brazos a tres niños, y cada uno de ellos tiene tres jarras de bronce a sus pies.

El impacto de la llegada de los ascensores

Hasta 1895, fecha en la que se introdujeron los ascensores en los edificios parisinos, el piso más apreciado era el primero. Eso explica por qué la altura de los techos de los pisos iba decreciendo del primero (el de techos más altos) al último (el de techos más bajos y el menos codiciado).

En 1895 la lógica cambió: los últimos pisos, menos ruidosos y más luminosos –ya que se encuentran por encima de los árboles–, se convirtieron en los más caros y apreciados.

LA ESCALERA DEL MUSEO GUSTAVE MOREAU

Pagado por el artista y construido en su propia casa

14, rue de La Rochefoucauld
01 48 74 38 50
Todos los días de 10 a 18 h, martes cerrado
Gratis el primer domingo de cada mes
Metro: Saint Georges o Trinité

Desconocido para los parisinos, el Museo Gustave-Moreau tiene la particularidad de haber sido pensado, concebido y financiado por el

propio artista en la misma casa donde vivió. Tres años antes de su muerte, Gustave Moreau, que desde hacía tiempo se preguntaba que pasaría con su obra, empezó a transformar su vivienda, en el número 14 de la rue de La Rochefoucauld. Con la ayuda del arquitecto Albert Lafon, decidió dejar el primer piso de la casa donde había vivido en compañía de sus padres como una especie de pequeño museo familiar en el que guardó todos sus recuerdos personales. Para albergar su obra, hizo construir el gran taller que se puede ver actualmente. Una magnífica escalera de caracol conduce a los espacios donde se conservan sus obras maestras, todos sus bocetos, y miles de dibujos expuestos en muebles con paneles corredizos. Concebido como «la gran obra» del artista, este museo permite penetrar en la intimidad del pintor y seguir paso a paso el misterioso proceso de la creación artística. Único en su género, el museo conserva aún hoy un «encanto singular», muy propio del arte de Gustave Moreau.

El Museo Moreau exhibe el universo increíblemente variado de este pintor. Nacido en 1826, Moreau fue un amante de los temas mitológicos, literarios y bíblicos. La gran cantidad de dibujos, de una gran riqueza de forma y colorido, permite seguir la trayectoria de un artista que empezó siendo académico, luego simbolista, después moderno, y al final de su vida abstracto.

QUÉ VER EN LOS ALREDEDORES
El square d'Orléans   ⑦
Entrada por el número 80 de la rue Taitbout
Invisible desde la calle y famoso por haber sido lugar de reunión de artistas y escritores románticos (*La Nouvelle Athènes*), el square d'Orléans es uno de los lugares más singulares y apacibles del distrito. Al arquitecto inglés Edward Cresy le llevó doce años (de 1830 a 1842) terminar los 46 apartamentos y seis talleres de artistas que forman este conjunto, concebido según el modelo de las plazas londinenses. La fuente, el jardín central, los cuatro edificios cuadrados y los patios de estilo inglés, atrajeron a numerosas celebridades y artistas que se instalaron aquí, formando una especie de falansterio. Entre los más famosos se encontraban la bailarina Marie Taglioni, el músico Marmontel, y especialmente la conocida pareja formada por Chopin y Georges Sand (que habitaba el primer piso del número 5).

BIBLIOTECA CHAPTAL

⑧

Una joya desconocida

26, rue Chaptal
Metro: Pigalle o Blanche
01 49 70 92 80 - bibliotheque.walser-gaillard@paris.fr

Ubicada en un antiguo palacete construido en 1780 en donde se encontraba en otro tiempo la Escuela de Prevención y de Lucha contra Incendios, la biblioteca Chaptal cuenta con una magnífica y desconocida sala de lectura, dispuesta en el antiguo salón de recepciones, que ha conservado sus pinturas murales, sus carpinterías, su chimenea así como su lucernario.

QUÉ VER EN LOS ALREDEDORES

El museo de la vida rómantica

⑨

16, rue Chaptal
01 55 31 95 67 - Martes a domingo de 10 a 18 h, salvo algunos festivos
Entrada gratuita a la exposición permanente
Metro: Blanche o Trinité

Aquí todo tiene un aspecto romántico: techos de estilo italiano, típicos de la Restauración, parras, glicinas, patio adoquinado, caminos bordeados de árboles, invernaderos, fuentes... Propiedad del pintor Ary Scheffer y de su sobrino, el escritor Ernest Renan, la residencia urbana del número 16 de la rue Chaptal fue en su tiempo un verdadero cenáculo romántico, lugar de inspiración para figuras emblemáticas del romanticismo parisino como Lamartine, Chopin, George Sand o Delacroix. Todos ellos se reunían en uno de los dos talleres que Ary Scheffer había hecho construir a ambos lados del patio adoquinado. Este lugar, que permanece oculto al fondo de un pequeño callejón y que hoy en día pertenece a la municipalidad, ha sido transfor-

mado en un Museo de la Vida Romántica.

En el pabellón principal se han reunido los objetos personales de la escritora George Sand y los lienzos de Ary Scheffer y otros pintores contemporáneos. Al otro lado del patio, el taller-salón del pintor ha sido remodelado. Cuando hace buen tiempo, de mayo a octubre, se instala un idílico salón de té en el invernadero y en la terraza (véase la guía *Paris bars & restos insolites*, de la misma editorial).

El Hotel de la Païva

⑩

28, Place Saint-Georges

Este edificio, así bautizado en honor a la mujer que lo habitó, Thérèse Lachmann, marquesa de la Païva, famosa por su afición a los diamantes, es una de las construcciones más pintorescas del distrito. El hotel data de 1840 y fue diseñado con un estilo *trovador*, mezcla de neorrenacentista y neogótico. La exuberante decoración intenta compensar la estrechez de la fachada.

LA AVENUE FROCHOT

Una casa maldita

Cerrada por una verja; apertura aleatoria
Metro: Pigalle

A pesar del sofisticado sistema de seguridad que restringe el acceso, el pequeño paraíso privado de la Avenue Frochot se puede admirar fácilmente a través de la verja de la entrada. La avenida fue diseñada en 1830 para albergar suntuosas residencias del siglo XIX rodeadas de jardines y espacios verdes. Los variados estilos arquitectónicos (neogótico, flamenco, medieval, palatino o neoclásico) llamaron la atención de los artistas de la época: Victor Hugo, Alexandre Dumas (padre), Toulouse-Lautrec y Victor Massé, entre otros, sucumbieron al encanto de este lugar. Más recientemente, Django Reinhardt se dedicó a quemar sus muebles en la chimenea de una de las casas, mientras que el cineasta François Truffaut filmó aquí una secuencia de su película *Les Quatre Cents Coups* (Los cuatrocientos golpes).

Después de que en ella muriera Victor Massé, se ha divulgado una curiosa historia sobre la casa situada en el número 1. El compositor, que sufría de esclerosis múltiple, pasó aquí sus últimos años y desde entonces, parece ser que la casa trae mala suerte a sus ocupantes. La compró el director del Folies-Bergère y se la legó a su ama de llaves, que fue brutalmente asesinada con un atizador. La casa estuvo deshabitada durante tres años. Sylvie Vartan la compró, pero se marchó repentinamente al poco tiempo de haberse mudado. Mathieu Galev, un crítico de teatro, la compró luego para morir, curiosamente, víctima de esclerosis múltiple... ¿Será cierto todo lo que se dice, o se tratará de una simple leyenda urbana?

A la izquierda de la avenida también se puede admirar una bella vidriera de estilo *art déco*, con motivos marinos, elemento decorativo del antiguo Teatro en Rond, que data de 1837.

QUÉ VER EN LOS ALREDEDORES
La Cité Malesherbes   ⑫

Vía privada, accesible desde el número 59 de la rue des Martyrs

Levantada sobre el emplazamiento de la antigua residencia urbana del abogado Lamoignon de Malesherbes, guillotinado en 1794, la Cité Malesherbes alberga algunos edificios interesantes. Fíjense sobre todo en la fachada del número 11, cubierta de una rica ornamentación de cerámica y terracota esmaltada, obra del arquitecto Jal para el pintor Jollivet.
En el número 17, se puede admirar la rotonda de la residencia del arquitecto Amoudru, al igual que la cornisa del balcón, decorada con una máscara de mujer y dos medallones con perfiles.

El jardín de los números 41-47 de la rue des Martyrs   ⑬

Poco visible desde la calle, un cuidado césped sembrado con numerosos rosales ofrece al visitante un ambiente campestre. Aprovechen el lugar para hacer una pausa en su recorrido.

LA COLECCIÓN PRIVADA DE LA TIENDA PHONOGALERIE

Una colección de máquinas parlantes

10, rue Lallier
01 45 26 45 80 - 06 80 61 59 37
aro@phonogalerie.com - phonogalerie.com
Viernes de 14 a 20 h, resto de la semana previa cita
Visitas guiadas sin cita previa para grupos de 3/4 personas, y con cita previa
para grupos de más de 4 personas
Metro: Anvers

Jalal Aro es algo más que un coleccionista: cuida, sana y resucita todo tipo de objetos relacionados con el registro sonoro. Tras varios años consagrados a coleccionar las máquinas parlantes más sorprendentes que se han fabricado desde su invención, en 1877 (grabadoras de cilindros, gramófono de pabellones, cajas de música), Jalal Aro abrió una tien-

da dedicada al mundo del sonido. En ella se pueden encontrar carteles publicitarios, discos antiguos, y raros y sofisticados aparatos.

Sin embargo, se han excluido los equipos de los treinta últimos años, ya que prevalece un riguroso criterio estético. El propietario podrá ayudarles a elegir un regalo (de 5 a 15 000 €), pero, sobre todo, les hará pasar un buen rato con su erudición y sus anécdotas.

Mitad museo, mitad tienda, la Phonogalerie está idealmente situada entre los cabarets de Montmartre y los artistas de la *Nouvelle-Athènes*.

QUÉ VER EN LOS ALREDEDORES
El búho del número 68 de la rue Condorcet

15

68, rue Condorcet - Metro: Anvers

Un sorprendente búho esculpido en la fachada del número 68 de la rue Condorcet, reposa sobre una de las columnas situadas bajo el balcón. Este búho, de la especie conocida como *gran duque*, es el símbolo del celebre arquitecto Viollet-le-Duc, que diseñó este edificio entre 1862 y 1863 para uso particular, ubicando el búho bajo los ventanales de su taller.

La Cité Napoléon

58, rue Rochechouart

Invisible desde la calle, la Cité Napoléon es un raro y bello ejemplo de familisterio. Construido en 1853, fue pensado para albergar 400 hogares de obreros, ofreciendo alquileres de bajo importe a las familias con pocos recursos. Además de pagar una renta módica, un médico visitaba regular y gratuitamente la Cité. A cambio de todos estos servicios, las familias debían conducirse con estricta disciplina: un inspector venía con frecuencia a comprobar la moralidad de los habitantes.

Familisterios y falansterios

El familisterio es la aplicación concreta del socialismo utópico que Charles Fourier desarrolló en torno a los falansterios. El falansterio es un lugar de vida comunitaria, compuesto por un conjunto de viviendas organizadas alrededor de un patio central cubierto. La palabra viene del término "falange", que se refería al ejército en la Antigüedad. Como su nombre indica, el familisterio sólo acoge a las familias.

El museo del Gran Oriente de Francia ⑰

16, rue Cadet - 01 45 23 20 92
Martes a viernes y domingo de 10 a 12:30 h y 14 a 18 h, sábado 10 a 13 h y 14 a 19 h

Instalado desde 1889 en el emplazamiento del Hôtel Cadet, el Museo del Gran Oriente de Francia exhibe más de 10 000 piezas de colección (objetos, documentos, símbolos francmasones, insignias militares...), que trazan la historia de la Orden en Francia.

La Cité de Trévise ⑱

Perpendicular a la rue Richer y a la rue Bleue

Creada en 1840 durante las diferentes operaciones urbanísticas que marcaron la época, la Cité de Trévise conserva aún, a pesar del tráfico automovilístico, el encanto de sus bellos edificios de estilo neorrenacentista. Las construcciones rodean una plaza arbolada, en cuyo centro hay una bella fuente formada por tres cariátides cogidas de la mano.

La oficina de la Banca Nacional de París (BNP) ⑲

14-20, rue Bergère

Construido por Corryer en 1881, este bello edificio alberga desde hace mucho tiempo el Comptoir national d'escompte de París (banco de crédito). La escalinata y la sala de transacciones, con su magnífico techo acristalado, merecen una visita. En la fachada hay tres grandes esculturas de Millet, que representan la Prudencia, el Comercio y la Finanza.

LA IGLESIA SAINT-EUGÈNE-SAINTE-CÉCILE

*Dos santos patronos, dos ritos,
dos arquitecturas...*

6, rue Sainte-Cécile
Todos los días de 7:15 a 21 h
Consulte los horarios de misa en el sitio web saint-eugene.net

La hermosa (y desconocida) iglesia Saint-Eugène-Sainte-Cécile, está dedicada a dos santos patronos: San Eugenio (en honor a Eugenia, esposa de Napoleón III, gracias a quien fue construida) y Santa Cecilia (patrona de los músicos; el antiguo Conservatorio Nacional de Música no se encuentra muy lejos de aquí). Noten que se edificó sin campanario, para evitar que las campanas pudieran distraer a los músicos.

La iglesia fue construida entre 1854 y 1855 siguiendo los planos de Lusson y Boileau. Su diseño se inspiró en la arquitectura del siglo XIII, y pretendía responder a las necesidades de los nuevos suburbios parisinos. En su interior, desde cualquier punto, se puede observar el volumen total del edificio. Impacta la abundancia de colorido y de luz, acentuada por las magníficas lámparas Segundo Imperio. Toda la estructura de la iglesia, incluyendo las columnas, es de hierro policromado, lo cual contribuye a la armonía de este original interior multicolor. Las columnas son de color azul acero y bronce florentino; las bóvedas están salpicadas de estrellas y los arcos y los nervios también están pintados.

La otra particularidad de la iglesia es que, desde 1989, celebra dos ritos distintos: los oficios se celebran según el rito de Pablo VI y de Pío V (liturgia en latín). Hasta 1998, dos sacerdotes distintos celebraban cada uno de los ritos, pero hoy en día un mismo párroco se encarga de las dos misas. Por eso no es extraño asistir en una misma mañana a una misa en francés celebrada por un sacerdote que oficia el rito de cara a sus fieles, y, dos horas más tarde, a otra en latín, con el mismo sacerdote vestido de púrpura y dorado, que en medio de cantos gregorianos oficia de espaldas a la congregación.

El rito de Pablo VI (o paulino) es el rito romano tradicional que se impuso después de la reforma del papa Pablo VI, tras el Concilio Vaticano II (1962-1965).

El rito de Pío V (o tridentino) es el que la Iglesia adoptó durante el período que va del concilio de Trento (1563) –de ahí el termino «tridentino»– al Concilio Vaticano II.

A pesar de que algunos se oponen al primero (especialmente Monseñor Lefèvre en Francia), el rito de Pablo VI es considerado como una modernización y una adaptación de la Iglesia al siglo XX.

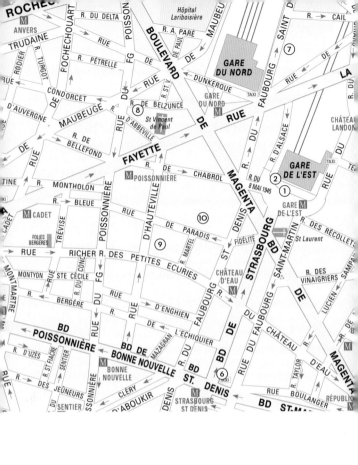

10° Arrondissement

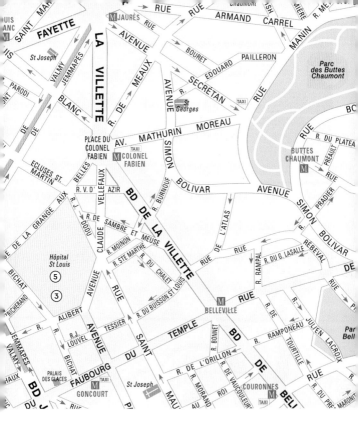

Les estaciones fantasma del metro de París

Aunque algunas estaciones ya no figuran en el plano actual de la red de metro de París, muchas de ellas continúan existiendo bajo tierra y siguen siendo utilizadas, aunque con fines muy distintos de los previstos en un principio. El cierre de la mayoría de estas estaciones «fantasma» se remonta al comienzo de la Segunda Guerra Mundial, en 1939. Una parte del personal del metro fue movilizado al frente, y por lo tanto el servicio tuvo que ser reducido. Tras la Liberación, las estaciones menos utilizadas o que se encontraban muy próximas a otras paradas, no volvieron a abrirse. Es por esta razón por la que las estaciones Arsenal, Croix Rouge, Champs de Mars, Saint Martin, Martin Nadaud y Porte des Lilas han desaparecido del plano de metro actual. Sin embargo, las cuatro primeras son parte de líneas aún en uso, por lo que pueden entreverse desde de las ventanillas de los vagones del metro. Desde su retirada de servicio, pocas están en completo desuso. Arsenal ha sido reacondicionada para la formación de técnicos e ingenieros electrónicos. Saint Martin, cuyos pasillos aún conservan bellos azulejos con anuncios publicitarios, albergó durante un tiempo a indigentes hasta que en 1999 se convirtió en un centro de reinserción social gestionado por el Ejército de Salvación. La estación Croix Rouge ha tenido diversos usos: a principios de los 80, un artista la transformó en playa, con tumbonas y sombrillas. También ha acogido desfiles de moda. Detrás de los andenes de Porte des Lilas abiertos al público (la estación sigue aún integrada en la red de metro) hay una serie de estudios de rodaje. Dependiendo de las necesidades del guión, la estación se convierte en la del Pont Neuf, Pigalle o en la que haga falta. Esta parte de la estación, rebautizada «Porte des Lilas-Cinéma», formaba parte antiguamente de la línea que pasaba por aquí desde Pré Saint Gervais, en funcionamiento entre 1921 y 1939. El lugar también es utilizado para la formación de nuevos operarios y para la experimentación de nuevos materiales. Otras dos estaciones (Haxo –entre Porte des Lilas y Pré Saint Gervais– y Porte Molitor –situada entre las líneas 9 y 10–) han tenido otro destino. Al poco tiempo de ser finalizadas, fueron abandonadas debido a un cambio en el proyecto inicial y nunca se construyó un acceso desde el exterior.

Aspectos desconocidos de las estaciones parisinas

El tamaño y altura de los techos de cristal de la mayoría de las estaciones de metro de París se debe a una razón práctica: en la época de su construcción las locomotoras eran de vapor, y su altura prevenía de intoxicaciones por humo a usuarios y trabajadores. La llegada del ferrocarril a la capital francesa tuvo que franquear muchos obstáculos, e incluso algunos ingenieros se mostraron reticentes. Arago, por ejemplo, predijo que quienes se aventuraran por el túnel de Saint-Cloud sufrirían terribles problemas de salud. Además, se acusó a las compañías ferroviarias de querer inmiscuirse en los asuntos de la municipalidad. Como resultado, los túneles de metro son más bajos para impedir que circulen por ellos los trenes. De igual manera, como los trenes seguían la costumbre inglesa de circular por la izquierda, al metro se le hizo circular por la derecha. Por ello, no es casual el hecho de que ninguna línea de metro una el conjunto de estaciones parisinas, y que las conexiones entre ellas sean totalmente irracionales. Los usuarios que al llegar a la estación de Austerlitz quieran tomar un tren en la de Lyon, al otro lado del Sena, se verán obligados a caminar de una estación a la otra con el equipaje a cuestas. No hay ningún metro que una estas dos estaciones. ¿No irá siendo hora de poner remedio a la situación?

Las columnas huecas de la Gare du Nord

Las columnas metálicas que sostienen la estructura de la Gare du Nord son huecas. Esto permite que el agua de lluvia se filtre directamente en las alcantarillas.

Solamente otras cuatro ciudades de Francia tienen, como París, estaciones en cul-de-sac, es decir, donde la llegada marca el final de la vía: Marsella, Lyon, Tours y Orleans.

La influencia de Napoléon III en la toponimia de París

Las diferentes campañas de Napoléon III dejaron su huella en la toponimia de la capital: 31 calles parisinas deben sus nombres a ciudades o a generales relacionados con las campañas de Crimea, México o Italia, especialmente las Avenues Bugeaud, Malakoff, Magenta, Alma y Mac-Mahon.

También en la iglesia de Notre-Dame-du-Travail, en el XIV *Arrondissement* (véase página 263), hay una campana que proviene de la campaña de Crimea.

EL BÚNKER DE LA GARE DE L'EST ①

Un búnker bajo las vías

Gare de l'Est
Place du 11-Novembre-1918
Visitas anunciadas en la prensa (Pariscope y Officiel des spectacles)
También, pregunte en la oficina de información de la estación
Metro: Gare de l'Est

Bajo las vías 2 y 3 de la Gare de l'Est, se esconde un antiguo refugio subterráneo a prueba de bombas que, sorprendentemente, aún se conserva intacto. La visita a este fortín es sobrecogedora. Los paneles con los horarios de tren yacen en el suelo, como si acabaran de ser abandonados, y las instalaciones mecánicas parecen estar en buen estado de funcionamiento (el Ministerio de Defensa se ha encargado de la conservación del lugar). Inscripciones varias en las paredes como *Notausgang*, son un testimonio de la ocupación del ejército alemán. Sin embargo, aún queda por saber si este puesto de mando fue realmente operativo.

La construcción del refugio, que debía servir como base logística al puesto de mando (PC), comenzó el 20 de julio de 1939, cuando la declaración de guerra parecía inminente, y concluyó durante la ocupación, en 1941. Sesenta y dos personas podían vivir en esta construcción hermética de 120 m², realizada enteramente en hormigón. Las tres estancias principales: central telefónica, sala de máquinas y puesto de regulación, están separadas por tres imponentes puertas herméticas anti-bomba. Con el fin de prevenir posibles ataques con gases asfixiantes o tóxicos, se había instalado todo un conjunto de botellas de oxígeno. En caso de un corte de energía, también se preparó un sistema de pedales conectados a una cadena para hacer funcionar las instalaciones.

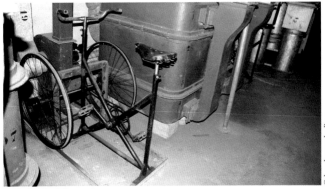

© Jean-Jacques Le-Roux

ASSOCIATION FRANÇAISE DES AMIS DES CHEMINS DE FER

Locos por los trenes

Gare de l'Est
Place du 11-Novembre-1918
01 40 38 20 92
Acceso por la «rampa del Parking Alsace», que bordea la estación hacia el lado de la Rue Alsace
Sábado 14 a 19 h
Metro: Gare de l'Est

La AFAC, Asociación francesa de amigos del ferrocarril (association Française des amis des chemins de fer), fundada en 1929, está instalada en el sorprendente subterráneo de la Gare de l'Est. Al entrar, los miembros que en ese momento estén haciendo circular sus locomotoras y vagones le darán una breve y calurosa bienvenida. Probablemente lo invitarán a detenerse en medio de la inmensa red de vías férreas, para explicarle el complejo funcionamiento del conjunto de señalizaciones, pasos a nivel, estaciones de desvío, andenes, etc., que ha sido fielmente reproducido. La asociación ocupa dos salas: una acoge una red a escala 1/87, mientras que la otra alberga dos redes, una a escala 1/43 y la otra a escala 1/32. Por estas tres redes, pacientemente construidas por los miembros de la asociación, circulan numerosos trenes, que son conducidos con la rigurosidad de una verdadera línea ferroviaria. Louis Armand, antiguo presidente de la SNCF (Compañía de Ferrocarriles Franceses), quedó tan impresionado tras la visita, que incluso llegó a afirmar ¡que la asociación iba por delante de la SNFC! Cada miembro puede hacer circular sus propios trenes sobre la red, siempre y cuando sean compatibles con ella. Al hacerse miembro no sólo se obtiene este privilegio; también se tiene la oportunidad de pedir consejos a los otros aficionados para aprender a construir sus propios vagones y locomotoras. Los niños no se lo pueden perder.

EL MUSEO DE REPRODUCCIONES ③ DERMATOLÓGICAS

El museo de las enfermedades de la piel

1, Avenue Claude-Vellefaux
Hôpital Saint-Louis
01 42 49 99 15
Días laborables 9 a 16:30 h con cita previa
Metro: Goncourt

El Museo de reproducciones dermatológicas, que hasta hace poco estaba reservado exclusivamente a los médicos (con el fin de respetar la cláusula de confidencialidad, que ya caducó), es un lugar extraordinario en todos los sentidos. Creado en 1865 por el médico Alphonse Devergie como Museo de las enfermedades cutáneas, éste acogió en 1867 el primer molde de cera realizado ese mismo año por Jules Baretta. Debido a que el hospital también fue un precursor en el estudio de la dermatología, se instalaron aquí más de 5000 reproducciones de bustos y miembros que presentan diversas afecciones cutáneas, reunidos desde el siglo XIX, con fines pedagógicos. Estos moldes, realizados entre 1867 y 1958, están expuestos en vitrinas sobre fondo negro, y muestran las consecuencias de diversas enfermedades: lepra, gangrena, sífilis, nevus, sarna, dermatitis, eczema, herpes, pústulas, etc. Desde 1958, los moldes han sido reemplazados por fotografías.

QUÉ VER EN LOS ALREDEDORES
Los paneles de vidrio pintado del número 34 de la Rue Yves-Toudic (4)

Esta panadería, fundada en 1870 y declarada monumento protegido, tiene unas preciosas pinturas invertidas sobre vidrio en unos paneles exteriores y en el techo, realizadas por el taller Benoist et fils en el siglo XIX.

EL PATIO CUADRADO
DEL HOSPITAL SAINT-LOUIS

Una Place des Vosges... sin coches

40, Rue Bichat y 1, Avenue Claude-Vellefaux
01 42 49 49 49
Todos los días 8 a 18 h
Metro: Goncourt

El sublime patio interior del Hospital Saint-Louis puede compararse a la Place des Vosges... pero sin coches. No se pierda el encanto y la belleza de este lugar bajo ningún pretexto.

El hospital, hoy en día declarado patrimonio histórico, fue creado durante la gran epidemia de peste que asoló la capital en 1562, causando más de 68 000 muertos. Ante la saturación del Hôtel-Dieu y lo contagioso de la enfermedad, fue primordial aislar a los pacientes y crear una nueva «Casa de Salud» que respondiera a las necesidades sanitarias de la población. Enrique IV escogió los planos de Claude Vellefaux, «maestro albañil encargado de las obras de construcción del rey», para edificar lo que se convertiría en el Hospital Saint-Louis. El patio central tiene 120 m de lado y está rodeado por un paseo, enmarcado entre grandes pabellones de piedra y ladrillo. Existen otros cuatro grupos de edificios que fueron construidos separados unos de otros, para dificultar la propagación de las enfermedades contagiosas.

Los dibujos del césped reproducen la Cruz de Malta. La Orden de Malta (hoy en día una orden hospitalaria) ocupa todo un pabellón del edificio.

La numeración de las calles parisinas

Una vez que se conoce el número, es posible saber si el edificio buscado se encuentra al inicio, al final, a la izquierda o la derecha de la calle.

De manera general, las calles están organizadas siguiendo el sentido del cauce del Sena: de derecha a izquierda, es decir, de este a oeste o de río arriba a río abajo. En las calles que son más o menos paralelas al Sena, el número 1 está siempre al este (la derecha en un plano de París), donde teóricamente comienza la calle. En esta posición, de espaldas al inicio de la calle, los números pares siempre están a la derecha y los impares a la izquierda. En las calles más o menos perpendiculares al Sena, el inicio de estas se encuentra en la parte mas próxima al Sena. Este sistema, adoptado en 1805, debe su existencia al prefecto Frochot, que legó su nombre a una hermosa calle privada parisina (véase página 193).

EL TALLER HOGUET - MUSEO DEL ABANICO

Un museo anacrónico

2, Boulevard de Strasbourg - Metro: Strasbourg Saint Denis
01 42 08 19 89
Atelier: lunes a viernes 9:30 a 12:30 y 14 a 18 h
Museo: sólo previa cita telefónica

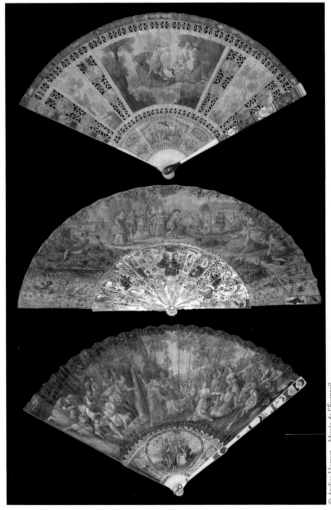

Instalado en un bello piso cerca de Barbès-Rochechouart, el Museo privado del abanico merece sin duda una visita, aunque sólo sea por el encanto del lugar.

En 1872, Joseph Hoguet Duroyaume instaló aquí un taller de monturas de abanicos, y desde entonces cuatro generaciones de la familia Hoguet se han especializado en la fabricación de estos artilugios. Con el tiempo la demanda fue disminuyendo considerablemente y para evitar la desaparición del taller se creó en 1993 un museo dedicado al abanico.

En él se exhiben cerca de mil piezas, que datan de los siglos XVIII, XIX y XX. Este refinado museo está ubicado en una sala de exposiciones concebida en 1893 por los fabricantes de abanicos Lepault & Deberghe. Ha conservado su decoración original de estilo Enrique III, declarada patrimonio histórico: alacenas de nogal, techos artesonados de los que cuelgan tres lámparas coronadas, muros tapizados de azul con flores de lis bordadas en hilo de oro, una chimenea monumental, etc. En este gran salón se reúnen las piezas más bellas de la colección, mientras que en el segundo piso se explica el proceso de fabricación de una montura de abanico.

Anne Hoguet, maestra en la materia, es la única persona en Francia que continúa creando nuevos diseños, más que nada por respeto a la tradición familiar.

QUÉ VER EN LOS ALREDEDORES
El jardín del hospital Fernand-Widal
200, Rue du Faubourg-Saint-Denis
Destinado a los pacientes del servicio geriátrico, el jardín del hospital, de 1000 m², es muy apreciado en medio de este tumultuoso distrito. Es un buen lugar para hacer una pausa y descansar un rato.

Las fachadas art nouveau *de los números*
14 y 16 de la Rue d'Abbeville
Metro: Poissonnière
Dos magníficas fachadas de estilo *art nouveau*. El edificio del número 14 fue construido por los arquitectos Alexandre y Édouard Autant, en 1901, y decorado por el ceramista Alexandre Bigot. Admiren la extravagancia de los motivos vegetales que lo adornan: la parte central del edificio está invadido por plantas trepadoras que parecen reales, y en el quinto piso se descubre una galería decorada con hojas, quimeras y columnatas de cerámica verde.

PEQUEÑO HÔTEL
DE BOURRIENNE

Maravilla de las maravillas

58, rue d'Hauteville
Metro: Bonne Nouvelle, Poissonnière o Château d'Eau
Visita con cita previa en el 01 47 70 51 14
Sin cita previa: sábado, septiembre a abril 12 a 18 h; sábado y domingo, abril a julio 14 a 18 h

© Petit Hôtel Bourrienne

A finales del siglo XVIII, aparecieron en el distrito del Faubourg Poissonnière numerosas residencias particulares de estilo neoclásico. Este patrimonio excepcional, por lo general escondido tras pesadas puertas y edificios de viviendas, tiene un carácter más íntimo que las conocidas residencias del Faubourg Saint-Germain.

El magnífico Hôtel de Bourrienne, cuya construcción comenzó en 1787 al fondo de un jardín provincial, es un bello ejemplo. Su acondicionamiento interior (la decoración fue obra del mismo arquitecto que construyó Bagatelle) refleja el gusto de dos de sus propietarios: Mme. Hamelin, una de las más famosas *merveilleuses* [mujeres elegantes] del periodo del Directorio y del Consulado, y Louis Fauvelet de Bourrienne, secretario particular de Bonaparte. Los aposentos de la planta baja permanecen intactos y son un ejemplo excepcional de estilo Directorio y Consulado en París. Abiertos hacia el jardín, que se refleja en los espejos, han conservado el mobiliario y la decoración originales: madera policromada y frescos de alegre colorido con temas inspirados en la Antigüedad y en Egipto, muy de moda en la época.

El salón, el comedor, el cuarto de baño, el dormitorio y los jardines de invierno se pueden visitar, solicitando cita previa y la autorización de los propietarios actuales, que intentan preservar el carácter íntimo del lugar. Esta mansión fuera de lo común también puede ser alquilada para la organización de eventos.

QUÉ VER EN LOS ALREDEDORES

La antigua tienda de fabricantes de loza:
Hippolyte Boulanger de Choisy-le-Roi

18, rue de Paradis

A finales del siglo XIX y comienzos del XX, la rue de Paradis era considerada como el mejor lugar de París para comprar cristal, porcelana y cerámica de todo tipo. También era uno de los últimos ejemplos parisinos de calles corporativas. Construido entre 1889 y 1892 por los arquitectos Georges Jacotin y Ernest Brunnarius, el edificio del número 18 alberga actualmente la sede social y la tienda de loza Boulanger de Choisy-le-Roi. Esta empresa tuvo su momento de gloria durante la construcción del metro de París, para el que proporcionó cerca de dos tercios del revestimiento mural. Aún hoy, el edificio está recubierto, tanto en el interior como en el exterior, de inmensos paneles de cerámica, por lo que en 1981 fue declarado patrimonio histórico. Puede que, solicitándolo amablemente, les permitan entrar al edificio, aunque en principio, el acceso a los visitantes no está autorizado.

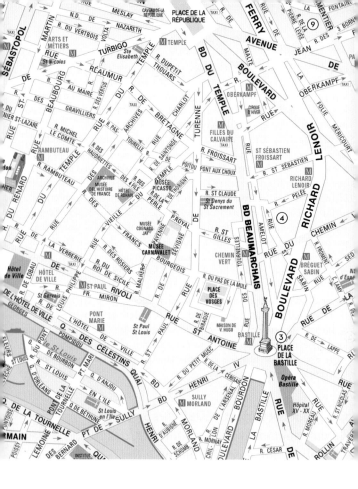

11° Arrondissement

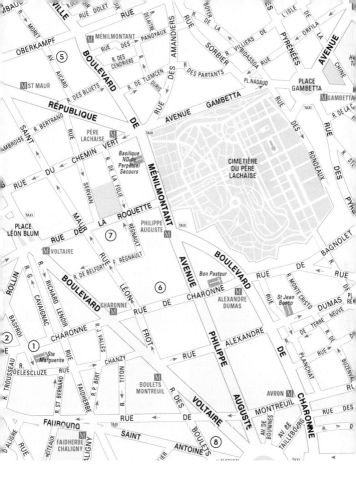

LA TUMBA DE LUIS XVII

¿Quién está enterrado en la tumba de Luis XVII?

Cementerio de Sainte-Marguerite - Église Sainte-Marguerite
36, rue Saint-Bernard
01 43 71 34 24
Iglesia: lunes a sábado (excepto vacaciones escolares) 8 a 12 h y 14 a 19 h
Para ver la tumba de Luis XVII, diríjase a la recepción: lunes a jueves 9 a 12 h y 14
a 17 h, viernes 9 a 12 h
Metro: Ledru Rollin

El cementerio contiguo a la iglesia Sainte-Marguerite, cerrado en 1804, alberga una minúscula tumba con la inscripción: "L XVII – 1785-1795". Un gran misterio rodea este sepulcro, pues durante mucho tiempo se creyó que en ella yacía el cuerpo de Luis XVII. Hijo de Luis XVI y de María Antonieta, Luis XVII fue encarcelado en la prisión del Temple el 13 de agosto de 1792, con 7 años de edad. Tras la ejecución de su padre, el 21 de enero de 1793, el niño fue confiado al zapatero Simon, con quien vivió hasta enero de 1794, fecha en que se pierde la pista del niño. Según la versión oficial, el Delfín habría enfermado y muerto el 8 de junio de 1795 siendo enterrado en secreto. El misterio creado en torno a este enterramiento hizo que al menos 43 falsos delfines salieran a la luz en los años que siguieron...

Investigaciones llevadas a cabo en el cementerio de Sainte-Marguerite, donde eran inhumados quienes morían en el Temple, revelaron que, en efecto, un niño había sido enterrado en este lugar el 10 de junio de 1795, tan sólo dos días después de la fecha en la que supuestamente murió Luis XVII. Se solicitó una primera exhumación en 1846, pero el cuerpo que se encontró en el ataúd correspondía al de un adolescente de 15 a 18 años. Los rumores se dispararon: algunos creyeron que el Delfín había sido liberado de la prisión del Temple por los monárquicos, y que en su lugar habrían dejado otro cuerpo. Otros pensaron que, efectivamente, el joven rey había muerto en la cárcel en 1794, pero que nadie se dio cuenta del hecho hasta 1795. Para evitar el escándalo, se habría enterrado a otro niño en su lugar. Parece ser que, en realidad, Luis XVII sí murió en el torreón del Temple y que su corazón fue robado durante la autopsia. El cuerpo habría sido enterrado después en el cementerio de Sainte-Marguerite, y posteriormente exhumado por orden del gobierno de la época. Finalmente habría sido enterrado en el cementerio de Clamart. En 1975, tras haber pasado por varios propietarios, el corazón fue depositado en la cripta de la basílica Saint-Denis, donde reposan los restos de la mayoría de los reyes de Francia. En 2000, un análisis de ADN del corazón demostró su autenticidad, y el 8 de junio de 2004 la urna funeraria con el corazón del joven rey fue depositada en la Capilla de los Borbones de la catedral. Sin embargo, aún queda una pregunta sin respuesta: ¿quién está enterrado en la tumba del cementerio de Sainte-Marguerite?

QUÉ VER EN LOS ALREDEDORES

Los mosaicos del número 1 del Passage Rauch ②

En un edificio poco conocido, muy cerca del cementerio, se pueden ver una serie de mosaicos: que representan un león, un dromedario, un oso...

UN PASEO DESCUBRIENDO LOS PASAJES Y PATIOS DEL FAUBOURG-SAINT-ANTOINE

Punto de inicio: metro Bastille o metro Ledru-Rollin (dependiendo de si se quiere caminar cuesta arriba o cuesta abajo por la Rue du Faubourg-Saint-Antoine)

El **passage du Cheval-Blanc**, en el **número 2 de la rue de la Roquette**, puede servir de punto de partida. Formado por una sucesión de seis patios adoquinados y rehabilitados, bautizados con el nombre de los seis primeros meses del año, este pasaje conduce a la **cité Parchappe**, que da directamente a la Rue du Faubourg-Saint-Antoine. Aproveche para echar un vistazo al patio adoquinado del número 33 de esta misma calle, generalmente abierto durante el día. La sede de Radio Nova ocupa aquí un bello local. En el **número 50**, en la acera de enfrente (y por lo tanto en el XII *Arrondissement*; el barón Haussmann dividió el distrito en dos *arrondissements*), el **passage de la Boule-Blanche** alberga, bajo el bello techo acristalado cubierto de plantas del número 9, la editorial *Les Cahiers du Cinéma*. Desde aquí se puede pasar a la **rue de Charenton** (cerrada los fines de semana). Un poco más lejos, en el **número 56**, la pintoresca **cour de Bel-Air**, con sus fachadas cubiertas de viñas y racimos en otoño, ha sido renovada. Este patio alberga una famosa librería, L'Arbre à Lettres, cuya entrada está situada en el número 62 de la rue du Faubourg. Una de las casas del patio posee una bella escalera de madera negra, conocida como los «Mousquetaires noirs» (los mosqueteros negros). A la altura del **número 66**, tome el **passage du Chantier**, que conserva el mismo aspecto que tenía en el siglo XIX, con sus grandes adoquines, sus aceras angostas, sus talleres y tiendas de muebles donde algunos artesanos continúan trabajando la madera. En el número 71, en la acera opuesta (del lado del XI *Arrondissement*) la **cour des «Shadocks»** (nombre extraoficial) también ha sido bellamente renovada, y la atmósfera que envuelve el lugar es un tanto extraña. Algo más lejos, en el **número 75**, la **cour de l'Étoile d'Or**, cuyo nombre proviene de la

insignia À l'etoile d'Or, ha conservado el pequeño pabellón que, en el siglo XVII, se elevaba entre el patio y el jardín (éste último fue pavimentado y transformado en un segundo patio en el siglo XVIII). Con frecuencia se menciona un reloj solar de 1751 que habría sido grabado a la derecha de la fachada, pero hoy en día no se ve por ningún lado. Si después de atravesar por quinta vez la calle aún no ha sido atropellado, puede dirigirse al **número 74 de la cour des Bourguignons**, en la que se han instalado algunas grandes marcas y un buen número de artistas. El patio tiene un hermoso porche, decorado con esculturas y medallones, al igual que una chimenea de ladrillo que se eleva sobre un gran techo de cristal y que ha sido declarada patrimonio histórico. Atraviese la calle por última vez y continúe su camino sin dejar de echar una ojeada en la **cour des Trois-Frères** (muy activa), a los **números 81-83**, al **número 89 de la cour de la Maison-Brûlée** (cuya entrada posee bellos mascarones) y, finalmente, al **número 95** de la **cour de l'Ours** (hay un oso esculpido en relieve sobre la fachada). Para terminar el recorrido, puede dejar ligeramente atrás la rue du Faubourg-Saint-Antoine y tomar, un poco más lejos, la rue Ledru-Rollin (XI *Arrondissement*) en busca del **passage de Lhomme**. En esta calle pavimentada y repleta de plantas abundan las galerías de arte y las tiendas de artesanía; conecta con la rue de Charonne, donde, en el número 37, se puede admirar un último patio, la **cour Delépine**.

> Algunos de los patios están cerrados durante el fin de semana y otros están en el XII *Arrondissement*, pues se encuentran en el lado de los pares de rue du Faubourg-Saint-Antoine.

QUÉ VER EN LOS ALREDEDORES
La Cour du Coq *(el patio del gallo)*

④

60, Rue Saint-Sabin - Metro: Chemin Vert

Cerrado por una verja de hierro decorada con un gallo (que por si no se han percatado recuerda su nombre), la *Cour du Coq* fue bautizada en referencia al carácter de su antiguo propietario, que se enorgullecía de conservar, en este patio, una atmósfera campestre en medio de la ciudad. Aunque la verja permanezca cerrada, a través de los barrotes se puede apreciar la tranquilidad del lugar.

> ## ¿Por qué los artesanos que trabajan la madera están en el Faubourg-Saint-Antoine?
>
> Los artesanos que trabajan la madera se instalaron en el distrito del Faubourg-Saint-Antoine, debido a que la madera transportada por el río llegaba flotando a París por el puerto de la Rapée, próximo al distrito.

EL MUSEO ÉDITH-PIAF

Himno al Gorrión de París

5, rue Crespin-du-Gast
01 43 55 52 72
Visita gratuita únicamente con cita previa
Metro: Ménilmontant

Esta pequeña casa-museo conserva innumerables recuerdos de Édith Piaf (peluches, los guantes de boxeo de Marcel Cerdan, cartas, escarpines, e incluso el famoso vestido negro que usaba en el escenario) donados por sus familiares y amigos. Es la obra de toda una vida de un fan incondicional de la cantante, quien también se encarga de matener la tumba de Édith Piaf en el cementerio de Père-Lachaise. Para acceder hay que llamar por teléfono. El visitante no podrá dejar de emocionarse ante la colección de objetos personales, organizados con esmero en el que fuera el hogar de la cantante. Aunque este pequeño apartamento no fue el único que ocupó en París, da la sensación de que la artista dejó en él parte de su talento y generosidad.

QUÉ VER EN LOS ALREDEDORES
El jardín del Docteur-Belhomme ⑥
159, Rue de Charonne
Escondido entre altos edificios, este jardín es un agradable y desconocido espacio verde que da hacia tres lindos pabellones. Estos edificios son los últimos vestigios de lo que fue la pensión Belhomme, una clínica fundada en 1769 para albergar enfermos mentales y que sirvió de refugio a gente adinerada para escapar al régimen del Terror, durante la Revolución.

¿Momias egipcias bajo la Bastilla?

A principios del siglo XIX, además del obelisco de la Place de la Concorde y una jirafa (llamada Zarafa), el Virrey de Egipto ofreció a Carlos X una decena de momias cuidadosamente embalsamadas. Las momias estuvieron expuestas en el Louvre, pero al no adaptarse al clima parisino empezaron a desprender un olor nauseabundo. En 1827, se decidió enterrarlas en los jardines del Louvre. Tres años más tarde, 32 víctimas de la revolución de julio de 1830 fueron enterradas en ese mismo lugar. Cuando la revolución tocó a su fin, Luis Felipe decidió ofrecer una sepultura digna a los insurgentes, que fueron trasladados a la Bastilla, sin que nadie se percatara de que unos cuerpos estaban mejor conservados que otros. Sin embargo nadie cayó en la cuenta del error hasta 1940, cuando comenzaron las obras de restauración de la cripta: el número de cuerpos hallados excedía en dos al número de insurgentes oficialmente enterrados allí. No se sabe qué pasó con las otras momias.
La cripta en cuestión se puede ver tomando el paseo fluvial que recorre el canal Saint-Martin, bajo el Boulevard Richard-Lenoir.

EMPLAZAMIENTO DE LA GUILLOTINA

Pavimento ensangrentado

Esquina de la Rue de la Roquette y de la Rue de la Croix-Faubin
Metro: Voltaire o Philippe Auguste

Muy discretamente alojadas en el asfalto, cinco losas de granito recuerdan un macabro episodio de la historia de la ciudad: el emplazamiento de la guillotina. Entre 1792 y 1832, estuvo instalada en la place de Grève (Hôtel de Ville). Luego fue trasladada a la barrière d'Arcueil (sobre la actual estación de metro Saint-Jacques), donde estuvo hasta 1851. Este lugar se encontraba a unos 5 km de la cárcel de la Grande Roquette, donde estaban detenidos los condenados, lo cual prolongaba el trayecto hasta el lugar del suplicio. Con el fin de evitar el traslado, el decreto del 29 de noviembre de 1851 ordenó que se les guillotinara a la entrada de la cárcel. Para soportar el peso de la guillotina, se colocaron en el pavimento cinco losas de granito negro formando una cruz. Aquel lugar –donde murieron 69 condenados– fue bautizado «Abadía de las cinco piedras» (jugando con la pronunciación similar de St. Pierre y *cinque pierres* [cinco piedras]). En 1900, tras el cierre y destrucción de la prisión, la guillotina fue trasladada a la cárcel de la Santé. El antiguo director de la prisión de La Roquette hizo desempotrar las losas e intentó vendérselas al Museo Carnavalet, que no mostró interés. Cuando las quiso volver a poner en su lugar, no las colocó como estaban, y por eso ya no forman la tradicional cruz latina, sino la cruz de San Andrés.

La invención de la guillotina

Tres personas pueden reivindicar, de alguna manera, la invención de la guillotina. El Doctor Guillotin fue el primero en proponer la idea de una muerte por decapitación. Así se refirió a la máquina encargada de hacer la tarea: «Caballeros, con mi máquina les haré volar la cabeza en un abrir y cerrar de ojos sin que sientan el más mínimo dolor». El proyecto fue votado en 1791, y el gran cirujano Louis, secretario de la Academia de Cirugía, fue el encargado de resolver los diferentes problemas técnicos que presentase este tipo de ejecución... Para ello, diseñó los principios básicos de la guillotina, que después propondría a una serie de fabricantes. Finalmente, fue el carpintero Schmidt quien se encargó de realizarla. La probó en la Cour de Rohan, empleando manojos de paja y ovejas. Mediante un subterfugio, Schmidt logró patentar el invento ganando una fortuna con los 83 encargos –necesarios para cubrir todo el territorio francés– que le hicieron. Esto no impidió, sin embargo, que la funesta máquina tomara el nombre de su auténtico inventor.

QUÉ VER EN LOS ALREDEDORES
La Rue des Immeubles-Industriels ⑧

Metro: Nation

Las diecinueve casas que componen la Rue des Immeubles-Industriels –inspiradas en los falansterios de Fourier, concebidas por el arquitecto Leménil, financiadas por el empresario Jean-François Cail, edificadas entre 1872 y 1873 y destinadas a la clase obrera– fueron en su momento una idea revolucionaria. En un mismo edificio se instalaban talleres (en el entresuelo y en los primeros niveles), y viviendas familiares (en los pisos superiores), y todo el conjunto estaba construido con un estilo moderno y confortable. Una máquina de vapor de 200 CV proveía a los artesanos (la mayoría de los cuales trabajaba la madera) de la energía necesaria para el funcionamiento de sus talleres. Este concepto de vivienda –lamentablemente el único de la capital–, tuvo un gran éxito a finales del siglo XIX, llegando a concentrar hasta 2000 habitantes. Aún hoy se puede admirar la elegante serie de 19 fachadas adornadas con columnas de hierro pintado y bellos ventanales en el primer piso. El conjunto recibió la medalla de oro de la Exposición Universal de 1878.

Las Rues du Faubourg...

Las Rues du Faubourg-Saint-Antoine, du Faubourg-Saint-Honoré, du Faubourg-du-Temple, du Faubourg-Montmartre, du Faubourg-Poissonnière, du Faubourg-Saint-Denis y du Faubourg- Saint-Martin tienen todas el mismo origen. Fueron construidas en el exterior de la muralla parisina de Carlos V y del muro de los Fossés Jaunes, que prolongaba esta barrera (véase página 42).

Las cerámicas del 4 de la Rue Pierre-Levée ⑨

En este lugar, construido entre 1880 y 1884, se encontraba la antigua fábrica de cerámicas de Jules Loebnitz. El edificio conserva aún las bellas cerámicas que en su tiempo lo hicieron famoso.

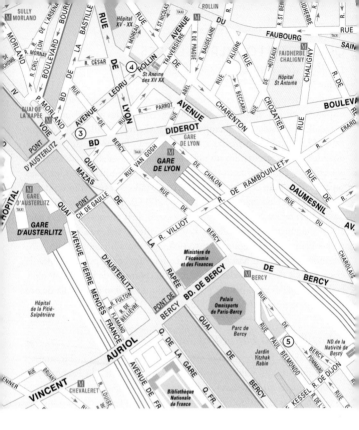

12° *Arrondissement*

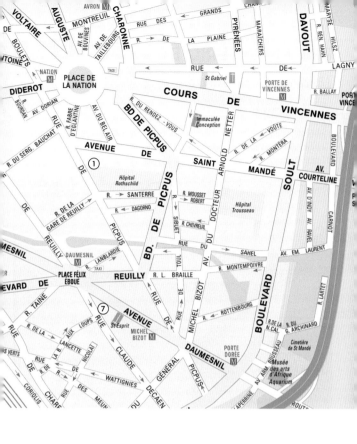

EL CEMENTERIO DE PICPUS

Un cementerio aristocrático

35, rue de Picpus
Lunes a sábado 14 a 17 h
Cerrados los festivos
Entrada gratuita durante las Jornadas de Parques y Jardines
Metro: Picpus

El solemne y emotivo cementerio de Picpus se encuentra actualmente al cuidado de los sacerdotes del Sagrado Corazón de Picpus. Estos religiosos practican la adoración perpetua del Santo Sacramento y velan por el descanso de las almas de las 1306 víctimas del régimen del Terror, aquí enterradas. Todas ellas fueron guillotinadas entre el 14 de junio y el 27 de julio de 1794 en la Place du Trône Renversé (la actual Place de la Nation).

Después fueron sepultadas en dos o tres fosas comunes cavadas en el antiguo parque del convento de los canónigos de Saint-Augustin. Tras la caída de Robespierre, el cementerio fue cerrado en 1795 y posteriormente, comprado en secreto, en 1797, por la princesa Amélie de Salm de Hohenzollern-Sigmaringen, cuyo hermano se contaba entre los decapitados. En 1803, gracias a una iniciativa de la marquesa de Montagu (nacida Noailles), el terreno del antiguo convento fue comprado por la asociación de familias de las víctimas, y una parte fue destinada a la construcción de un cementerio reservado a los parientes de los guillotinados.

Excepto las fosas comunes, que están cerradas y sólo se pueden ver a través de las rejas, el resto del cementerio se puede visitar. Entre las tumbas que exhiben escudos de la aristocracia francesa, se encuentra la del marqués de La Fayette, héroe de la independencia americana y esposo de la marquesa de Noailles. Esto explica la presencia de una bandera estadounidense en mitad del cementerio. Tan ligado se sentía el marqués a este país, que, siguiendo su voluntad, la tierra que recubre su tumba fue traída desde Norteamérica.

¿Permiso para morir, madre superiora?

Dieciséis monjas carmelitas de Compiègne, cuyo trágico destino inspiró al escritor Georges Bernanos la obra *Diálogos de carmelitas*, también descansan en una de las fosas comunes del cementerio de Picpus. Estas condenadas a muerte dejaron una impronta en la historia por su valentía: indiferentes al intento de sus verdugos por silenciarlas, iban entonando salmos y cánticos mientras caminaban hacia el lugar del suplicio. En el momento de subir al cadalso, cada una de ellas, arrodillándose ante la madre superiora (que tuvo el triste privilegio de ser la última en morir) pedía: *¿Permiso para morir, Montagu?* La respuesta era: «Adelante, hija mía». Cuando llegó su turno, la madre superiora (la madre Lidoine) subió al cadalso cantando el *Laudate Dominum*.

Atlantes de 199-201 de la rue de Charenton ②

Premiado en 1911, este bello edificio, obra de los arquitectos Brandon y Morlon, posee unos singulares atlantes, cada uno de los cuales representa un oficio: un minero, un campesino, un artesano y un marinero.

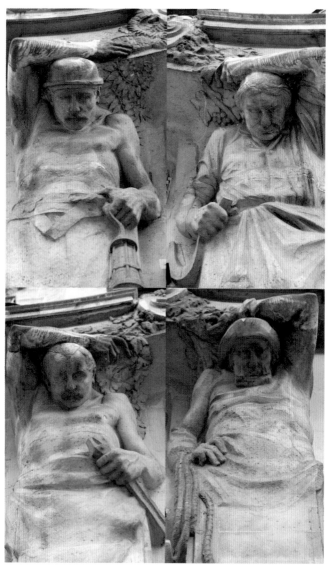

La Fayette

Nacido en 1757 en Auvernia, La Fayette no tardó en alistarse al lado de Washington y de los insurgentes americanos. Con el cuerpo expedicionario dirigido por Rochambeau, fue protagonista de la victoria de Yorktown en 1781 y de la independencia de los Estados Unidos de América. Igualmente, es a La Fayette a quien debemos, junto a Condorcet y Sieyès, la Declaración de los Derechos Humanos aprobada el 26 de agosto de 1789.

La bandera tricolor

La bandera tricolor, compuesta por el azul y el rojo de la Ville de Paris, y el blanco de la realeza, debe su existencia a La Fayette, que se la impuso a sus tropas el 17 de julio de 1789.

Un edificio vegetal

Aunque el edificio de la Oficina Nacional Forestal, en el número 2 de la avenue de Saint-Mandé, no es ninguna maravilla arquitectónica, su curiosa forma circular intenta reproducir el tronco de un árbol.

La gigantesca puerta corrediza de los números 94-96 del quai de la Rapée ③

El edificio de los números 94-96 del quai de la Rapée, construido por Aymeric Zublena en 1992, tiene una sorprendente peculiaridad: una gigantesca puerta (de 84 toneladas, 25 m de altura, 3 m de ancho) que cubre totalmente la fachada. Esta espectacular puerta se desliza dos veces al día: por la mañana, cuando se abre (hacia las 7 h), y por la tarde, cuando se cierra (hacia las 19 h). Desde hace varios años, por razones de seguridad, el acceso al edificio se realiza por la discreta entrada de la avenue Ledru-Rollin.

Los postes egipcios del viaducto Daumesnil ④

El viaducto Daumesnil, que recorre la avenue Ledru-Rollin, está apoyado sobre unos curiosos pilares. Sus capiteles en forma de flor de loto son un testimonio de la fascinación por Egipto que se vivió durante el siglo XIX (véase página 47). El viaducto corresponde a la antigua vía ferrea de Vincennes, inaugurada en septiembre de 1859.

LA CINEMATECA FRANCESA ⑤

Una bailarina levantándose el tutú

(el antiguo American Center)
51, rue de Bercy
Biblioteca del Film: lunes, miércoles, jueves y viernes 10 a 19 h, sábado 13 a
18:30 h, martes y domingo cerrado
Otros horarios en cinematheque.fr/bibliotheque.html
Tarifas y horarios de los debates y proyecciones en www.cinematheque.fr
Metro: Bercy

La Cinemateca Francesa y la Biblioteca del Film fueron instaladas en el año 2005 en el edificio del número 51 de la rue de Bercy, concebido por el arquitecto americano Frank O. Gehry, y desocupado desde 1996. Construido en 1994 para albergar el American Center, el edificio debía ser, como afirmó su presidenta, «una declaración cultural» entre el Viejo y el Nuevo Continente. Para responder a tal exigencia, el arquitecto californiano, auténtico mago del volumen, diseñó un edificio con dos fachadas totalmente diferentes. La de piedra blanca que da a la calle es sobria y se inscribe perfectamente en el paisaje urbano de París. La del lado de los jardines de Bercy, por el contrario, presenta un aspecto totalmente desestructurado, con un juego de volumen y de luces que ponen de manifiesto el genio y el virtuosismo del arquitecto. Igualmente, diseñó dos entradas; la del jardín ofrece una vista global del interior y de los múltiples niveles que dan hacia el atrio.

Aunque el edificio fue definido por el New York Times como «un poema de amor en la relación entre libertad y tradición», el propio arquitecto lo describió de una forma mucho más sugerente: «Una bailarina levantándose el tutú».

Frank O. Gehry

Gehry nació en 1929 en Toronto, en el seno de una familia de judíos polacos (su verdadero nombre era Owen Godenberg). Su madre era melómana y su padre se dedicaba al comercio de materiales de construcción. Tras pasar su adolescencia en Ontario, Gehry cursó estudios de arquitectura y comenzó a diseñar en California. Trabajó en varias agencias de renombre, algunas de ellas en París, y más tarde, en 1962, creó su propio estudio en Los Ángeles. Recibió el premio Pritzker (equivalente al premio Nobel de arquitectura). Frank O. Gehry hizo de la desestructuración y del contraste de materiales su marca característica. El arquitecto define así su trabajo: «Intento componer de manera positiva, usando las técnicas y los materiales de construcción de la misma manera que el artista utiliza el pincel». Entre sus magistrales diseños sobresalen las torres gemelas (Ginger y Fred) en pleno centro de Praga, y, especialmente, el Museo Guggenheim de Bilbao, por el que Gehry fue ovacionado en el mundo entero. Otro edificio representativo del genio de Ghery en París es la Fundación Louis-Vuitton, ubicado en pleno bosque de Boulogne, inaugurado en 2014.

La muralla de Thiers

Tras la derrota de Napoleón, la invasión de Francia por las fuerzas «aliadas» (Austria, Rusia, Prusia) y la entrada de tropas extranjeras en París en 1814 y 1815, los sucesivos gobiernos estudiaron la manera de fortificar la ciudad. Finalmente se llegó a un acuerdo y, en 1840, Adolphe Thiers decidió construir una muralla con bastiones de 34 km de longitud, capaz de englobar a los 2 500 000 habitantes en una superficie de 7800 hectáreas. Los muros tenían una anchura media de 140 m; una calzada interior empedrada (los futuros bulevares de Maréchaux), una fosa exterior y un terraplén, a lo que se añadía una zona de 250 m en la que no se podía construir. Ubicados entre 1500 y 5000 m delante de la muralla, había dos fuertes de estilo Vauban, actualmente situados en la periferia parisina. En 1860, París anexionó la zona comprendida entre los muros de Fermiers Généraux y las nuevas fortificaciones, englobando gran parte de los numerosos pueblos limítrofes (Auteuil, Passy, les Batignolles, la Villette, Belleville, Ménilmontant, Bercy...). El cobro del *octroi* (impuesto) fue desplazado al mismo tiempo a las puertas de las nuevas fortificaciones. La imponente y moderna obra resistió al asedio de los prusianos y, a pesar de la derrota de 1870, logró proteger la ciudad de males mayores. Progresivamente, la zona en la que no se podía construir empezó a ser invadida por barracones diversos. Después de 1945, las fortificaciones fueron destruidas y reemplazadas por proyectos de viviendas sociales, estadios, ciudades universitarias, jardines...

Los vestigios actuales de la muralla de Thiers son:
El bastión número 1 (ver arriba). Un fragmento del muro en los jardines superiores de Malesherbes (bastión número 44, véase página 325). El límite geográfico de los boulevards des Maréchaux.

Las murallas de París

A lo largo de su historia, bien fuese por razones militares o comerciales, París se vio rodeada de siete murallas sucesivas. Algunas han dejado vestigios físicos; otras, una impronta en la organización de las calles; pero todas, sin duda alguna, han marcado el espíritu de la ciudad:
- Muralla galo-romana (siglo IV, véase página 71)
- Muralla de los siglos X y XI (véase página 75)
- Muralla de Felipe Augusto (1190-1215, véase página 81)
- Muralla de Carlos V (1356-1420, véanse páginas 42-43)
- Muralla de Fossés Jaunes (1543-1640, véase página 42)
- Muralla de Fermiers Généraux (1785-1790, véase página 321)
- Muralla de Thiers (1840, véase página 233)

EL BASTIÓN NÚMERO 1

Un vestigio de la muralla de Thiers (1840–1845)

Boulevard Poniatowski (lado del Sena), a la altura de la rue Robert-Etlin
Metro: Cour Saint-Émilion o Porte de Charenton

Bordeando la circunvalación hay un vestigio del antiguo bastión número 1 de la muralla de Thiers.

Se trata de un terraplén, muy poco conocido, de un centenar de metros. Es uno de los últimos restos de esta muralla cuya construcción fue iniciada en 1841 (ver abajo).

PERÍMETROS DE LAS SUCESIVAS MURALLAS DE PARÍS

- Muralla de Thiers
- Muralla de Fermiers Généraux
- Muralla de Fossés Jaunes
- Muralla de Carlos V
- Muralla de Felipe Augusto
- Muralla de los siglos X y XI
- Muralla Galo-Romana (siglo IV)

LA IGLESIA DEL SAINT-ESPRIT ⑦

Una réplica de la célebre Santa Sofía de Estambul

186, avenue Daumesnil
01 44 75 77 70
Todos los días 9:30 a 19 h
Metro: Daumesnil

Construida entre 1928 y 1935 por el arquitecto Paul Tournon, la iglesia del Saint-Esprit es un edificio espectacular cuyos volúmenes no dejarán de impresionar al visitante. Se trata de una réplica (a menor escala) de la célebre basílica de Santa Sofía de Estambul. El edificio, realizado en hormigón armado con un revestimiento de ladrillo rojo de Borgoña fue realizado por François Hennebique. La utilización de este material fue una proeza en la época, especialmente para la construcción de la cúpula de 33 m de altura, como referencia a la edad de la muerte de Cristo.

La cripta mide 33 m de largo y 27 m de ancho. Más de 70 artistas de principios del siglo XX participaron en su decoración, lo que la convirtió en uno de los más importantes conjuntos de arte cristiano del período de entreguerras. La iglesia está inscrita en el inventario anexo de los monumentos históricos.

Otros templos de arquitectura bizantina en París

El gran proyecto del cardenal Verdier durante el período de entreguerras fue volver a cristianizar la región de París. Hizo construir una decena de iglesias que se inspiraron con frecuencia en la arquitectura bizantina, considerada el estilo *cristiano* por excelencia. Por ello encontramos este mismo estilo tanto en las iglesias de Sainte-Odile (2, avenue Stéphane Mallarmé, XVII *Arrondissement*), Sainte-Jeanne-de-Chantal (XVI *Arrondissement*), como en una subestación eléctrica de metro (1, rue de la Cerisaie, IV *Arrondissement*).

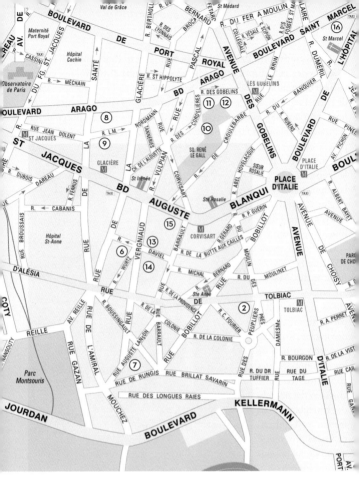

13° Arrondissement

Organización y orden de los distritos parisinos

Partiendo del centro de la ciudad (distrito del Louvre), que conforma el 1° *arrondissement*, se van sucediendo en espiral los otros 20 distritos, en el sentido de las agujas del reloj. Esta organización data de 1860, época de la anexión de los *faubourgs* (suburbios) de París, situados más allá de la antigua muralla de Fermiers Généraux. Algunos pueblos fueron totalmente absorbidos por la ciudad (Belleville, Grenelle, Vaugirard y La Villette); otros fueron divididos entre París y otras municipalidades (Auteuil, Batignolles-Monceau, Charonne, Montmartre, Passy), y en algunos casos, sólo fueron parcialmente anexionados: Aubervilliers, Bagnolet, Gentilly (distritos de Glacière, en el XIV *Arrondissement*, y de Maison-Blanche, en el XIII), Issy (distrito de Javel, en el XV *Arrondissement*), Ivry, Montrouge (distrito de Petit-Montrouge, en el XIV *Arrondissement*), Neuilly (distrito de Ternes, en el XVII *Arrondissement*), Pantin, Le Pré-Saint-Gervais, Saint-Mandé (distritos de Bel-Air y de Picpus, en el XII *Arrondissement*), Saint-Ouen y Vanves. Hasta 1860, París contaba solamente con doce distritos y transcurrió mucho tiempo antes de que el distrito siguiente aceptara el número 13: a la superstición relativa a esta cifra, se añadía el hecho de que la expresión *«marié à la mairie du treizième»* (casado en el ayuntamiento del XIII), significaba en esa época vivir en concubinato.

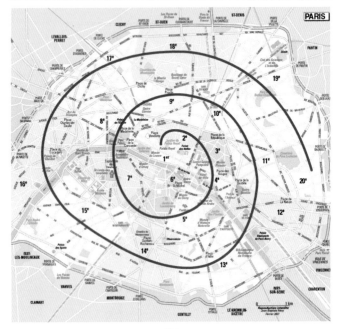

LA VILLA PLANEIX

①

Un ejercicio de estilo para Le Corbusier

26, boulevard Masséna
Visitas con cita previa, únicamente los fines de semana
Contactar con Hélène Planeix al 09 79 28 02 41

La villa Planeix es probablemente la obra más compleja realizada por Le Corbusier. Su gran reto fue construir una superficie habitable de más de 300 m² sobre un terreno de 200 m². La villa fue encargada por Antonin Planeix, un artista autodidacta, y realizada entre 1924 y 1928. En esa época el lugar se ubicaba en una zona de huertas, a las afueras de París, y «el precio de los terrenos aún era bajo», recuerda la nieta de Antonin, Hélène Planeix, que todavía vive en la villa. En un terreno accidentado y con pendiente, rodeado de muros compartidos, Le Corbusier empezó a construir la casa sobre soportes de 4,50 m, de modo que la vivienda quedara elevada y recibiera la luz del día. «Mi abuelo se había quedado hacía tiempo sin presupuesto, y tuvo que pedirle al arquitecto que cerrara la planta baja para instalar dos talleres que pudieran ser alquilados». A pesar de estas modificaciones, la vivienda principal conserva las características del estilo de Le Corbusier: el arquitecto diseñó una estancia con un ventanal de 8 m, y transformó los muros (salvo los maestros) en alacenas. En el cuarto de baño, hay un nicho en una pared curva especialmente concebido para albergar la bañera.

Le Corbusier (1887–1965)

Charles-Édouard Jeanneret-Gris, mas conocido con el sobrenombre de Le Corbusier, es considerado como uno de los mayores arquitectos del siglo XX. Nació en la Suiza francófona, pero obtuvo la nacionalidad francesa. Se dio a conocer por su teoría de los cinco puntos de la arquitectura moderna, que puso en práctica en edificios de volúmenes abiertos y muros cortina apoyados sobre pilotes, con una terraza azotea y ventanas en banda horizontal. Le Corbusier es igualmente célebre por el *Modulor*, un sistema de medida basado en las proporciones del cuerpo humano. Sus construcciones más importantes son el complejo del capitolio de Chandigarh (India), la *Cité radieuse* de Marsella, la Capilla Notre-Dame-du-Haut en Ronchamp (Franco Condado) y la Villa Savoye en Poissy. En París, además de la *Villa Planeix*, Le Corbusier puso su firma en los edificios de la Armée du Salut, en el número 12 de la rue Cantagrel y en el 29 de la rue des Cordelières, XIII *Arrondissement*. También en las *Villas la Roche* (véase página 309) y *Jeanneret*, en su vivienda-taller del número 24 de la rue Nungesseret-Coli en el pabellón de Brasil y en la casa de Suiza.

Un corto paseo por los alrededores de la Porte d'Ivry
Metro: Porte d'Ivry

Si no tiene la suerte de vivir en una de las torres de las Olympiades (cuya ventaja, al igual que la de Montparnasse, o la de Jussieu, es que estando en ellas no se ven), al menos podrá disfrutar de los pequeños rincones campestres que surgen en medio del caos.

A la salida del metro Porte-d'Ivry, subiendo la rue Nationale en dirección de la rue de Tolbiac, se llega rápidamente al **Passage National**, un callejón sencillo cuyo recorrido resulta muy agradable. Algo más lejos, el encanto del **Impasse Bourgoin** está abierto a los curiosos que se las arreglen para pasar desapercibidos, y un poco más arriba, el **36 de la rue Nationale**, es otro pequeño callejón florido que vale la pena recorrer. En el número **56 bis de la avenue Nationale**, se encuentra la entrada de una calle con el mismo nombre. Vaya bajando por la acera de los números pares de la rue Nationale en busca del **Passage Bourgoin**, rodeado de bonitas casas con pequeños jardines. ¡Incluso tiene un terreno para jugar a la petanca! Al salir del Passage Bourgoin por la **rue du Château-des-Rentiers**, vaya hasta el número 70.

Con un poco de suerte, es posible que se tope con algún residente y pueda entrar al bello patio interior del edificio (hay un código en la entrada que limita el acceso).

QUÉ VER EN LOS ALREDEDORES
El Square des Peupliers
②
74, rue du Moulin-des-Prés

Construida en 1926, esta pequeña y frondosa plaza esconde bonitas casas y pequeños edificios organizados alrededor de una desconcertante red de callejones. No lejos de aquí, la Place de l'Abbé-Hénocque está rodeada de calles apacibles, bordeadas por pequeñas viviendas obreras de principios de siglo pintadas en colores pastel.

EL TEMPLO PARA RESIDENTES DE ORIGEN CANTONÉS

Un templo en un parking

37, rue du Disque
El acceso es más fácil por la avenue d'Ivry, frente al número 66
01 45 86 80 99
Todos los días 9 a 18 h
Entrada gratuita
Metro: Porte d'Ivry

M ientras el templo budista de la Asociación Teochew está situado en la explanada de las Olympiades, el templo de residentes de origen cantonés se encuentra justo debajo de ella. La rue du Disque, en la que se ubica este otro templo budista de París, es una vía subterránea que se asemeja más a un parking o a un garaje que a una calle.

En el interior, sin embargo, el ambiente es muy distinto al de un parking: se trata de un lugar acogedor cuya atmósfera resulta propicia al recogimiento y a una primera aproximación al mundo budista y asiático.

QUÉ VER EN LOS ALREDEDORES
El templo de la Asociación Teochew ④
44, avenue d'Ivry
Todos los días 9 a 18 h
Entrada gratuita

En torno al año 1975, miles de chinos huyeron de Vietnam desperdigándose por todo el mundo. Cerca de 80 000, originarios de la provincia de Guandong, los Teochew (pronunciado Tichou) se instalaron en el distrito XIII de París, donde prosperaron notablemente.

En 1985 fundaron el Centro Teochew de meditación budista de la Asociación Teochew de Francia, cuyo objetivo era «crear una agrupación para favorecer la integración social de sus miembros en Francia, y promover la identidad cultural de los Teochew». Este lugar de culto budista chino y tailandés está abierto a todos, independientemente de las creencias religiosas.

Para encontralo, atraviese la galería comercial (donde ya empezará a impregnase del ambiente de otras culturas con sólo ver los escaparates), salga por la izquierda hacia la explanada de las Olympiades y después gire a la derecha. A la entrada del templo, no olvide quitarse los zapatos. Después podrá optar entre ir a meditar frente al altar consagrado a Buda, hacer una ofrenda de incienso y de frutas, tomar el té, leer el periódico o, aquellos que hablen chino, ponerse al día con los últimos chismes de la comunidad.

EL ZOUAVO DE GENTILLY

Un curandero de ultratumba

7, rue de Sainte-Hélène
01 47 40 58 08
ville-gentilly.fr
Cementerio: todos los días, verano 8 a 17:45 h, invierno 8 a 16:45 h
RER B: Cité Universitaire

«**A** mi estimado curandero» de «sus pacientes agradecidos». Esta es, sin lugar a duda, la tumba más decorada del cementerio de Gentilly. Un siglo después de su muerte, el zuavo Jacob sigue despertando gran curiosidad. Como lo demuestran las placas funerarias y los ramos de flores, todavía hay muchos seguidores que creen en los poderes milagrosos de este curandero de la Belle Époque. Se dice que curaba las enfermedades proyectando su propio fluido, y hay incluso quienes siguen viniendo a consultarlo en su tumba. El zuavo Jacob fue, efectivamente, una de las muchas figuras que encarnaron la fascinación del siglo XIX por el hipnotismo, el magnetismo y otras artes esotéricas. Su tumba se encuentra en la allée du Sommet (en la parte alta del cementerio), entre la allée Principale y la de las Acacias. Los aficionados a lo insólito no pueden dejar de visitar este extraño cementerio que, a pesar de su nombre, no se encuentra en Gentilly sino en París. Construido en un terreno inclinado, se ve fácilmente desde la Circunvalación, ya que se encuentra entre esta y el estadio Charléty.

El square René-le-Gall: una antigua isla en medio del rio Bièvre

El square René-Le-Gall fue creado en 1930 sobre la zona sur de l'Île aux Singes, rodeada por dos brazos del antiguo curso del Bièvre: el Bièvre «muerto», al oeste, y el Bièvre «vivo», al este, cuya huella aún es visible entre el boulevard Auguste-Blanqui y el boulevard Arago. Ambos se separaban a la altura del boulevard Auguste-Blanqui siguiendo la siguiente ruta:

- El Bièvre «muerto» pasaba por la actual rue Paul Gervais, a continuación por el square René-Le-Gall, y continuaba a lo largo del muro trasero del Instituto Rodin y del Palacio del Pueblo del Ejército de Salvación, pasando después por el Mobiliario Nacional
- El Bièvre «vivo» recorría la actual rue Edmond-Gondine, luego la rue Croulebarbe y la rue Barbier-de-Metz, para formar la curva del río. Es fácil imaginar al Bièvre pasando entre las construcciones situadas al este del Square René-Le-Gall con sus curtidores y la famosa manufactura de Gobelins.

Aún existe en el número 41 de la rue de Croulebarbe... *El cabaret de M. Grégoir*e, hoy en día más elevado, en cuyo restaurante se puede ver un cuadro del siglo XIX que representa a Victor Hugo, Chateaubriand y La Fayette desayunando a orillas del Bièvre.

¿Arcimboldo en el square René-le-Gall?

En el square René-Le-Gall, en la parte que da hacia la manufactura de Gobelins, hay un curioso ensamblaje de piedras que hace pensar en los cuadros renacentistas del pintor Arcimboldo.

El río Bièvre y su impacto sobre la actual geografía parisina

Aunque el río Bièvre fue desviado río arriba y la cuenca por la que fluía está seca, su antiguo paso por la ciudad dejó una huella en la topografía y en la toponimia de las calles. El Bièvre se nutría de una treintena de pequeñas fuentes situadas a 135 m de altitud en Guyancourt, a 5 km de Versalles. Con una longitud de 32 km el río entraba en París por la Poterne des Peupliers, bajo las antiguas fortificaciones de 1840 y el actual boulevard Kellerman, a una altura de 38 m. Este formaba después una gran curva en forma de S que rodeaba la Butte-aux-Cailles, el brazo «muerto» seguía exactamente **el rastro de las rues de la Fontaine-Mouchard, de la rue Brillant-Savarin y de la rue Wurtz**. En este sector, el Bièvre alimentaba una serie de pequeños estanques que se congelaban en invierno proporcionando hielo para el verano. Este era conservado en las «glacières» (de ahí el nombre de la **rue de la Glacière**), cavidades semienterradas situadas al oeste del río cuya explotación continuó hasta 1890. El Bièvre atravesaba luego la muralla de Fermiers Généraux (una viga del metro aéreo, más alta que las otras a la altura del boulevard Blanqui, es testigo del paso del río por este punto), donde sus dos brazos rodeaban l'Ile aux Singes (**square René-Le-Gall**, ver página anterior). Después de atravesar el suburbio de Saint-Marcel, el Bièvre se dirigía hacia el Oeste para unirse con el Sena, a la altura del hall de salidas de la Gare d'Austerlitz. En la época prehistórica, el Sena formaba un gran meandro en su trayecto hacia el Norte, entre Bercy y l'Alma, pasando al pie de las colinas de Belleville y de Montmartre. El Bièvre, por su parte, ocupaba lo que hoy en día es la cuenca del Sena a partir de Austerlitz. Ambos ríos se unían en l'Alma. Una crecida especialmente fuerte permitió al Sena apoderarse del cauce del Bièvre, abandonando así su antigua cuenca del norte, que más adelante se convertiría en una zona de marismas (marais) que dio nombre a ese distrito. El Bièvre tuvo mucha importancia en la margen izquierda de la ciudad. En el siglo XII se construyeron derivaciones para regar los jardines y alimentar los molinos (canal des Victorins). La Abadía Saint-Victor construyó una derivación del río que pasaba a través de sus muros. Este paso aún se puede ver en los sótanos del edificio de correos de la esquina de la **rue du Cardinal-Lemoine** y del boulevard Saint-Germain (véase página 98). La pureza del agua atrajo tintorerías y cervecerías en el siglo XIV. En el siglo XVI, sus orillas fueron ocupadas por los curtidores que habían sido expulsados de la Place de Grève y su actividad influyó en las aguas que para el siglo XIX ya estaban contaminadas. En 1860 se contaban más de 100 establecimientos industriales en sus orillas. Después de importantes trabajos de canalización, realizados entre 1826 y 1864, el Bièvre tuvo que ser inevitablemente cubierto, finalizando las obras en 1910. Contrariamente a lo que podría pensarse, la famosa rue de Bièvre no está situada en el antiguo cauce del río sino sobre la derivación que hizo la Abadía de Saint-Victor en el siglo XII (ver arriba).

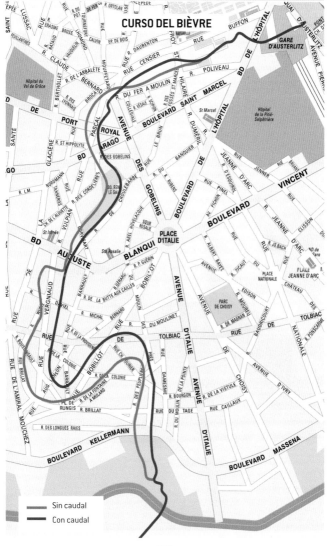

EL TEMPLO ANTOINISTA

La casa de la pradera

34, rue Vergniaud
Lectura de las Enseñanzas del Padre los domingos a las 10 h; los demás días a
las 19 h, excepto el sábado
«Operación» (a través de la oración) en nombre del Padre, los domingos y los
cuatro primeros días de la semana, a las 10 h
Metro: Corvisart

Esta pequeña y curiosa iglesia de color amarillo pertenece al movimiento Antoinista, cuyo principio fundamental es la creencia en los poderes curativos de la oración. La sensación de tranquilidad que reina en su interior es digna de la serie de TV *La casa de la pradera*. Los hombres visten un largo capote negro de predicador y las mujeres, además de su correspondiente túnica negra, llevan el peinado típico del siglo XIX. En el templo el silencio es de rigor, pero si es usted creyente, puede dirigirse al «*gabinetet*» para hablar con alguno de los «curanderos», que rezará para liberarlo de cualquier sufrimiento moral o físico. La lucha contra el dolor es uno de los pilares del Antoinismo, como lo confirma el título de la obra fundamental del Padre fundador: *Délivrez-nous du mal!* (¡Líbranos del mal!), a la venta en la iglesia.

El culto Antoinista

Fundado en Bélgica en 1910, el culto Antoinista (que viene de Antoine, nombre del fundador, llamado «Padre» por los adeptos) fue reconocido como «Fundación de utilidad pública» en 1922 por el gobierno belga. Sin embargo, en 1995 un informe parlamentario sobre las sectas lo clasificó como movimiento de curación. El informe decía: «Se niega la noción de enfermedad y de muerte, (creencia en la reencarnación). Es la propia mente la que crea el sufrimiento y sólo la fe lo puede suprimir, no la intervención de los profesionales de la salud». Por su parte, los miembros del culto Antoinista niegan cualquier relación con las sectas: alegan que el culto es «una obra moral basada en la fe y el altruismo... pública, abierta a todo el mundo y gratuita». También indican que el Padre «se dedicó a atender enfermos durante más de 22 años. Cuando empezó con esta actividad, tenía medios económicos que le permitían vivir sin trabajar. A su muerte no poseía nada». Hoy existen 64 templos Antoinistas y 90 salas de lectura en el mundo, principalmente en Francia, Bélgica, Australia y Luxemburgo. El culto cuenta con cerca de 2500 adeptos en Francia y 200 000 en el todo mundo.

QUÉ VER EN LOS ALREDEDORES
La Cité Florale   ⑦
36, rue Brillat-Savarin

Edificada en 1928 sobre una antigua pradera, frecuentemente inundada por el Bièvre y, por lo tanto, poco propicia para la construcción de grandes edificios, la Cité Florale es un conjunto de casas individuales, dotadas de jardines particulares floridos. Se accede a ellas a través de una serie de callejones adoquinados, repletos de árboles, que llevan nombres de flores: rue des Glycines, rue des Iris, square des Mimosas, etc.

LA CITÉ FLEURIE

Un ramillete de artistas...

65, boulevard Arago
Metro: Glacière

La magnífica Cité Fleurie, la urbanización de artistas más antigua de París, fue construida en 1880 con los materiales reciclados del «Pabellón de la Alimentación» de la Exposición Universal de 1878. Si la entrada está cerrada, puede esperar a que salga algún residente y pedir amablemente que le dejen entrar. Entonces podrá deambular tranquilamente en medio de los 29 talleres de blancas fachadas, donde los artistas realizan sus actividades. Aquí vivieron algunos muy famosos como Gauguin, en la casa de Daniel de Montfreid; Modigliani, en la del pintor mexicano Zanaga o Jean-Paul Laurens, entre otros... La Cité fue declarada patrimonio histórico en los años 70 gracias a la intervención personal del entonces presidente de la República.

QUÉ VER EN LOS ALREDEDORES

La Cité Verte

147, rue Léon-Maurice-Nordmann

La Cité Verte agrupa a varios artistas en torno a 24 talleres-vivienda, todos diferentes, organizados a ambos lados de un callejón con árboles. Fue construida poco después de la Cité Fleurie y, a pesar de que el acceso es más restringido, en ella se respira la misma atmósfera campestre.

El Château de la Reine Blanche

18 bis, rue Berbier-du-Mets
Entrada por el número 4 de la rue Gustave-Geoffroy - De abril a septiembre, visita guiada gratuita por los propietarios miércoles y domingo a las 14, 15, 16 y 17 h

Construido en el siglo XVI por la familia Gobelins, el castillo (un antiguo edificio central rodeado de torrecillas) fue restaurado hace poco a partir de documentos de la época, lo cual ha permitido preservar la belleza de las edificaciones que se erigen en torno a una serie de patios adoquinados. Los visitantes pueden admirar la bella piedra blanca, los torreones con sus escaleras de caracol (una de ellas, de 17 m de altura, data del siglo XVI y fue tallada en un solo tronco de roble), las galerías porticadas y la soberbia puerta cochera con un frontón voladizo.

El Hotel de la Reine Blanche

17, rue des Gobelins

No lo confunda con el Château de la Reine Blanche; el Hôtel de la Reine Blanche, que forma parte de la misma manzana, también ha conservado su encanto y su atmósfera. Posee una bella escalera de caracol que mercecería la pena restaurar.

3 bis de la rue des Gobelins

El antiguo Hôtel Mascarini, adquirido por el rico industrial Jean de Julienne, gran mecenas de Watteau, data del siglo XVII. Se encuentra en el patio trasero de un inmueble y conserva el jardín y los naranjos del siglo XVIII.

LA PEQUEÑA ALSACIA

Las casas de protección social más bellas de París

10, rue Daviel
Metro: Corvisart

Construida a partir de 1912 por el arquitecto Jean Walter, la Petite Alsace quizás sea el conjunto de viviendas sociales con más encanto de París. Las cuarenta casitas con traviesas (de estilo alsaciano) se agrupan alrededor de un agradable patio florido.

El lugar permanece tal como fue concebido por la Asociación de Habilitación Familiar. La oficina de HLM (Alojamiento social) de París administra las viviendas, de modo que, en principio, cualquiera puede inscribirse en la lista de espera...

QUÉ VER EN LOS ALREDEDORES

La Villa Daviel
7, rue Daviel

Saliendo de la Petite Alsace no deje de echar una ojeada, justo enfrente, a la Villa Daviel, una linda vía privada con casitas rodeadas de vegetación.

Pequeña Rusia: viviendas para los taxistas rusos ⑮
22, rue Barrault

La «Pequeña Rusia» es un lugar sorprendente: dos hileras de viviendas (tipo cabaña) fueron concebidas en 1912 para acoger a los inmigrantes rusos llegados tras la Revolución. La mayoría de ellos, de origen aristocrático, encontró empleo como taxista, de modo que utilizaban la cochera de la parte inferior de las casas para estacionar los vehículos. Desafortunadamente, no es fácil entrar. Puede solicitar amablemente a algún residente que le abra la puerta de acceso al edificio, subir una escalera y descubrir, sobre la explanada, este sorprendente conjunto de casitas. La vista desde la terraza también es muy agradable: hacia el sur se divisa la Petite Alsace, y a la izquierda se adivina la cuenca del río Bièvre.

Los vestigios del antiguo convento de Les Cordelières

En l'hôpital Broca encontramos unos curiosas ruina rodeadas por un jardín. Son los vestigios del convento de Les Cordelières, fundado en 1289, y que fue demolido en 1974 para construir este hospital en estos terrenos.

TEMPLO
DEL DERECHO HUMANO

Un misterioso templo francmasón

5, rue Jules-Breton
No está abierto al público
droithumain-france.org
Metro: Saint Marcel

La fachada del número 5 de la rue Jules-Breton, ubicada en una discreta calle del XIII *Arrondissement*, resulta muy sorprendente. Las columnas, coronadas por una flor de loto, y las cruces ansata de la balaustrada delatan la influencia egipcia. Sobre las columnas, la inscripción *«Le Droit humain»* (El Derecho Humano) hace referencia al nombre de una orden masónica creada en 1893 por Georges Martin (1844-1916) que tiene la particularidad de ser mixta. La frase inscrita bajo las columnas resume su gran principio: «En la humanidad, la mujer tiene los mismos deberes que el hombre. También debe tener los mismos derechos en el seno de la familia y de la sociedad». La orden del Derecho Humano agrupa actualmente cerca de 12 000 miembros. El templo no admite visitas.

La cruz ansata

La *ankh o* cruz ansata es un jeroglífico egipcio que significa «vida». Probablemente el símbolo surgiera a partir de la forma estilizada de una vértebra de buey, animal que representaba el poder. En el arte egipcio, la *ankh* aparece con frecuencia en la mano de un dios o de una diosa para otorgar la vida al cuerpo momificado de un difunto. También los espejos tenían a menudo forma de *ankh*. Actualmente, la cruz ansata es utilizada por la Iglesia Copta, principalmente en Egipto y en Etiopía.

Juana de Arco en París y en el distrito XIII

En París, cinco estatuas representan a la doncella de Orleans. Además de la célebre estatua de Frémiet, en la rue des Pyramides, existen otras cuatro estatuas en la ciudad: en la rue Jeanne-d'Arc (XIII *Arrondissement*), en la explanada del Sacré-Coeur (XVIII *Arrondissement*), en la Place de Saint-Augustin (VIII *Arrondissement*) y en la fachada de Saint-Denis-de-la-Chapelle (XVIII *Arrondissement*), sin contar con su cabeza, que se encuentra en la rue Saint-Honoré, en el lugar donde una placa conme- mora la herida que le causó una flecha inglesa. El distrito XIII rinde homenaje a Juana de Arco en numerosos lugares. Además de la estatua, una plaza y una calle con su nombre, la rue de Patay lleva el nombre de una de sus victorias más importantes.

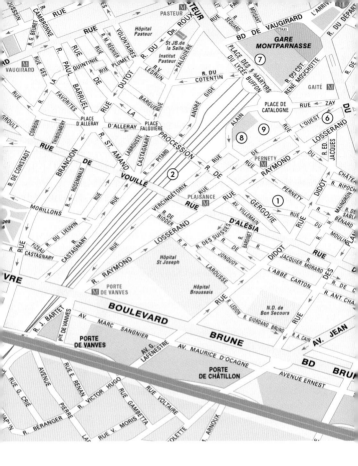

14° Arrondissement

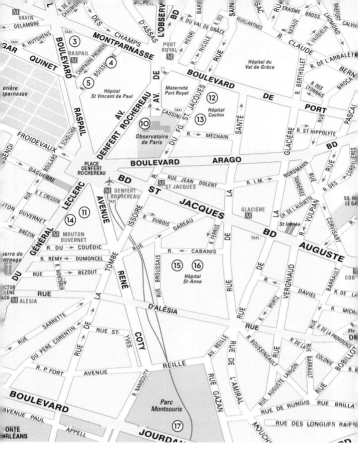

LA FACHADA DEL 19, CITÉ BAUER ①

En el corazón de París

Metro: Plaisance o Pernéty

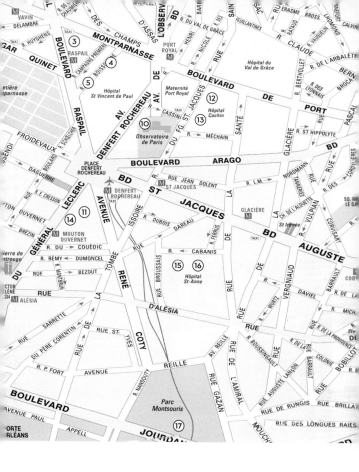

LA FACHADA DEL 19, CITÉ BAUER ①

En el corazón de París

Metro: Plaisance o Pernéty

Esta magnífica puerta en forma de corazón fue concebida en 1959 por Alexandre Mezei, un artista de origen húngaro que vivió en este lugar. Inspirada en el *art nouveau*, muestra en la parte superior izquierda a un pastor tocando la flauta en compañía de su perro y sus ovejas. Es un buen ejemplo de la arquitectura con encanto que hace de París un lugar mágico.

QUÉ VER EN LOS ALREDEDORES
El menhir del número 133 de la rue Vercingétorix ②

En la placita que se encuentra frente al número 133 de la rue Vercingétorix, entre una cancha de baloncesto y un parque infantil, se erige un sorprendente menhir. En el suelo hay una placa –casi ilegible– donde se alcanza a leer: «Este menhir, donado a la ciudad de París por iniciativa de la Cámara de Comercio y de Industria del Morbihan, fue realizado por siete tallado-nos bretones e inaugurado por Monsieur Alain Poher, presidente del Senado, 18 de diciembre de 1983». Los amantes de Bretaña encontrarán otro elemento emblemático de la región al otro lado de las vías del ferrocarril: un auténtico faro bretón (véase página 279).

Tumbas insólitas en el cementerio de Montparnasse

Aunque menos romántico que Père-Lachaise, el cementerio de Montparnasse alberga algunas tumbas sorprendentes. Buen ejemplo es la de Tania Rachevskaïa (acceso Émile-Richard), decorada con la escultura *El Beso*. La obra, del artista rumano Brancusi, fue realizada en 1910 y muestra una pareja de enamorados tallados en piedra. Además, hay restos de un molino, que se suma a los otros dos que se conservan en Montmartre. Se trata del antiguo molino de la Charité, erigido antes de que se creara el cementerio. Se encuentra en el lugar donde los sacerdotes de Saint-Jean-de-Dieu enterraban a los difuntos del Hospital de la Charité, en rue des Saints-Pères.

Un hotel viajero

Inicialmente, el Hôtel de Massa (38, rue du Faubourg-Saint-Jacques), construido por Jean-Baptiste Le Boursier en 1784, se encontraba en la esquina de los Campos Elíseos con la rue de la Boétie, pero a comienzos del siglo XX, se vio rodeado por un plan de desarrollo urbanístico. En lugar de ser destruido, el hotel fue desmontado piedra por piedra y reconstruido en su emplazamiento actual en 1929. Hoy en día es la sede de la Société des Gens des Lettres, fundada en 1838 por Isidore Taylor, el mismo que se encargó de adquirir y transportar a París el obelisco de Luxor.

QUÉ VER EN LOS ALREDEDORES

El número 126 del boulevard du Montparnasse ③

El arquitecto y decorador Louis Süe (1875-1968) es el artífice de este bello conjunto de talleres y viviendas inundados de luz y tranquilidad. No muy lejos de aquí, en la rue Cassini, también diseñó los bellos talleres para artistas de los números 3 bis (para el pintor Lucien Simon), del 5 (para el pintor Jean-Paul Laurens) y del 7 (para el pintor Czernikowski).

El número 9 de la rue Campagne-Première ④

La puerta está protegida por un código, pero merece la pena esperar por si alguno de los vecinos sale y le permite entrar a echar un vistazo. Aquí encontrará un centenar de talleres de artistas construidos con los materiales procedentes de la demolición de la Exposición Universal de 1889.

El número 31 de la rue Campagne-Première ⑤

Este magnífico edificio construido en 1911 por el arquitecto André Arfvidson, fue ganador del concurso de fachadas de la Ville de Paris y es un perfecto ejemplo de transición entre el *art nouveau* (las cerámicas ocres y beiges de Bigot de la fachada) y el estilo moderno.

La fachada del número 7 de la rue Lebouis ⑥

Construido por el arquitecto Molinié en 1913, el edificio del número 7 de la rue Lebouis, posee una magnífica fachada en esgrafiado (especie de fresco realizado sobre las fachadas de los edificios) similar a las que podemos ver en Bruselas (véase la guía *Bruselas insólita y secreta*, de la misma editorial). El edificio ganó el concurso de fachadas de 1913.

Los jardines colgantes del Atlántico ⑦

Rue des Cinq-Martyrs-du-Lycée-Buffon
Abierto todos los días, cerrado por la noche
Metro: Montparnasse Bienvenue o Gaîté

Obra de los paisajistas François Brun y Michel Pena, los jardines colgantes del Atlántico, invisibles desde la calle, son un remanso de paz para quienes saben dar con ellos. La mejor forma de encontrarlos es localizando el monumento a la Liberación, ubicado al fondo de los jardines.

Estos jardines contemporáneos están compuestos por una combinación sorprendente de vegetación, acero y madera (en forma de pasarelas colgantes). Además del césped, árboles y especies variadas, también hay un estanque, mesas de ping pong y numerosos estudiantes holgazaneando al sol. El particular encanto del conjunto se debe a que el jardín está «suspendido» sobre las vías de la gare Montparnasse, desde donde puede oírse el rumor de la actividad que reina en la estación, sin que ello perturbe en absoluto la serenidad del ambiente. El conjunto de edificios que rodea los jardines contribuyen a la tranquilidad del lugar, protegiéndolos del ruido de la circulación. Estos edificios, con sus fachadas constituidas de muros cortina, confieren al lugar un aspecto un tanto surrealista, digno de la película *Blade Runner*. De hecho, aparecen en varias películas de la *Nouvelle Vague*, como *Deux ou trois choses que je sais d'elle*, de Jean-Luc Godard.

IGLESIA NOTRE-DAME-DU-TRAVAIL ⑧ DE PLAISANCE

El primer ejemplo de arquitectura industrial aplicada a una iglesia

59, rue Vercingétorix
notredamedutravail.net - 01 44 10 72 92
Lunes a viernes 7:30 a 19:45 h, sábado 9 a 19:30 h, domingo 8:30 a 19:30 h
Misas: sábado 18:30 h y domingo 10:45 h; domingo 9 h en portugués y 18 h en latín
(excepto julio y agosto); lunes a viernes 9, 12:15 (excepto vacaciones esccolares) y 19 h
Metro: Gaîté

Aunque el exterior de la iglesia Notre-Dame-du-Travail se parece a muchos otros templos religiosos, su diseño interior, obra del arquitecto Jules Astuc, es un destacado ejemplo de arquitectura industrial. La nave, en la que se ve la influencia directa de Eiffel y Baltard, tiene una estructura metálica de 135 toneladas de hierro y acero. Esta decoración, atípica para una iglesia, responde al más profundo deseo del Abad Soulange-Bodin, nombrado cura de la parroquia de Plaisance en 1896. Su ambición era construir una iglesia que reuniera «en el ámbito de la religión, a trabajadores de todas las clases sociales». Esta debía asemejarse a una fábrica para que el obrero se sintiera en un entorno familiar. La nueva iglesia, fue consagrada a Notre-Dame-du-Travail, cuya efigie existía ya antes de la construcción.

En su interior se conserva un auténtico botín de guerra de 552 kg. La campana, donada por Napoleón III, procede de la ciudad de Sebastopol, de donde fue arrebatada durante la guerra de Crimea.

QUÉ VER EN LOS ALREDEDORES
La Place de l'Amphithéâtre y la place de Séoul   ⑨
Entrada por la Rue Vercingétorix
El distrito de la place de Catalogne, reconstruido en los años 80, es obra del arquitecto catalán Ricardo Boffil.

Aunque no todo el mundo aprecia las plazas del Amphithéâtre y de Séoul, ambas constituyen un sorprendente ejemplo de arquitectura clásica realizada en época contemporánea. Su acceso es poco visible y son muchos los parisinos que ignoran la existencia de ambos lugares que poseen agradables y tranquilos jardines.

LA CASA DEL FONTANERO

El agua de los reyes

42, avenue de l'Observatoire
paris-historique.org
contact@paris-historique.org
Programa disponbible en el 01 48 87 74 31
Abierto durante las Jornadas del Patrimonio (Asociación del París Histórico)
Metro: Denfert Rochereau

La curiosa casa del fontanero se puede visitar llamando con antelación y pidiendo el programa de visitas guiadas. Esta casa, construida entre 1619 y 1623 por los hermanos Gobelin –basándose en los planos de Salomon de Brosse–, perteneció al fontanero del rey y disponía de una boca *(regard)* (véase página 366), desde la que se podían observar las aguas que fluían desde el acueducto de Arcueil. Hoy en día ya no transitan por la casa del fontanero sino que van directamente al depósito de Montsouris.

Esta original visita permite hacerse una idea de los diferentes medios que se han utilizado a lo largo de la historia para abastecer de agua a París. Aquí son visibles tres receptáculos (el del Roi, el de la Ville y el de Les Carmélites) que, como su nombre indica, recogían el agua destinada a diferentes lugares de París: el Palacio de Luxemburgo, el Monasterio de Val-de-Grâce y el Convento de los Carmelitas, además de trece fuentes.

QUÉ VER EN LOS ALREDEDORES
La boca de la avenue René Coty ⑪

Detrás del bello hospital geriátrico de La Rochefoucauld (entrada por la avenue du Général-Leclerc) hay una sorprendente construcción. Este edificio es en realidad un antiguo *regard*, por el que se podía ver la canalización de agua procedente de Arcueil (ver arriba).

El acueducto de Arcueil

Contrariamente a lo que podría esperarse, París se sigue abasteciendo de agua por medio de acueductos (véase página 369). Entre ellos, el puente acueducto de Arcueil hace fluir cada día 145 000 m³ de agua que atraviesan el valle del Bièvre. Este acueducto reúne en realidad dos obras distintas, construidas con varios siglos de distancia: el acueducto de Marie y el acueducto de la Vanne. Basándose en un proyecto concebido por Sully (reutilizar un antiguo conducto galo-romano que captaba el agua en las fuentes de Rungis y Wissous), María de Médici hizo construir un nuevo acueducto entre 1613 y 1623. Esta obra permitía abastecer un depósito cercano a la montaña Sainte-Geneviève y alimentaba la fuente Médici del palacio de Luxemburgo. Hoy en día, el acueducto de Marie sigue canalizando cerca de 2000 m³ diarios. El agua captada en Rungis se vierte en los estanques del parque Montsouris. El acueducto de la Vanne constituye la parte superior del acueducto d'Arcueil y se encuentra 14 m por encima del primero.

CLAUSTRO DEL HOSPITAL COCHIN

Un paraíso escondido

123, boulevard de Port-Royal
Oficialmente cerrado al público. Se puede pedir acceso al personal
administrativo del hospital
RER: Port Royal

El claustro del hospital Cochin es un pequeño paraíso desconocido para la mayoría de los parisinos, una maravilla que no puede dejar de visitarse. Al entrar por el Boulevard du Port Royal, siga las flechas que señalan la capilla.

Antiguamente, el claustro formaba parte de la Abadía de religiosas de Port-Royal-des-Champs, fundada a comienzos del siglo XIII en el Valle de Chevreuse. La abadía se instaló en París en 1625 bajo las órdenes de la Abadesa Angélique Arnauld, y se hizo famosa a partir de 1635, cuando se convirtió en cuna del jansenismo. Blaise Pascal fue uno de los visitantes asiduos de la comunidad de las Hijas del Santo Sacramento. El convento fue cerrado durante la Revolución y convertido en una prisión bautizada con el nombre de «Port-Libre». Más adelante, en 1795, fue utilizado como hospital.

La última vespasienne *(urinario público)* de París

En el boulevard Arago, justo delante de la prisión de La Santé, se encuentra el último urinario público (vespasienne) de París. Fueron construidos a comienzos del siglo XIX, por iniciativa del Conde de Rambuteau. Los urinarios reemplazaron a los barriles de serrín que se encontraban en las esquinas de las calles. Estaban dotados de paredes metálicas que ofrecían cierta privacidad protegiendo a los usuarios de las miradas de los transeúntes. El progreso y las reivindicaciones por la igualdad de la mujer supusieron la desaparición de las *vespasiennes*, que fueron reemplazadas por las *sanisettes* (cabinas de servicios públicos actuales que se limpian automáticamente, están cerradas y son antisépticas; además pueden ser utilizadas por las mujeres). El cierre fue votado el 21 de diciembre de 1959, pero hasta 1980 no se instalaron las cuatro primeras cabinas de monedas (*sanisettes*). Observarán que el paso a esta nueva era de la higiene pública supuso el fin del servicio gratuito. No sabemos cómo este urinario del siglo XIX escapó a la destrucción, pero hoy se habla de declararlo patrimonio histórico.

La palabra *vespasienne* viene de Vespasiano, el que fuera Emperador de Roma en el año 69. Era conocido por su avaricia y por haber creado un impuesto sobre la orina. Para ello, hizo instalar urinarios en las calles de Roma, cuyo uso debía ser costeado por el usuario. No es de extrañar que se le atribuya la expresión: «El dinero no huele (Pecunia non olet)».

LAS CANTERAS
DE LOS CAPUCHINOS

Los cimientos de la capital, a 20 metros bajo tierra

Hôpital Cochin - 27, rue du Faubourg Saint Jacques
seadacc.com - association@seadacc.com
La visita es recomendable, debe escribir un e-mail a jlhr-faure@wanadoo.fr
(no dube en escribir varias veces) o una carta al hospital Cochin (la dirección
aparece arriba), dirigida a la Asociación SEADACC (son prioritarias las
peticiones por correo)
Duración de la visita: 1-2 horas; el acceso es imposible para las personas de
movilidad reducida, y no es recomendable para los claustrofóbicos
RER: Port Royal

Puede que la visita a las catacumbas de Denfert-Rochereau sea muy convencional, pero buscar una entrada ilícita y emprender una exploración improvisada por las galerías subterráneas de París tal vez sea arriesgarse demasiado. Por ello recomendamos la visita a las Canteras de los Capuchinos (carrière des Capuchins), ya que ofrece un equilibrio perfecto: se encuentran a más de 20 m bajo tierra y aún conservan el sabor de la aventura. Hoy en día, la visita es posible gracias al trabajo encarnizado de una asociación de aficionados que, con palas y lámparas, han dedicado varios años a restaurar y acondicionar las antiguas canteras. Este lugar, declarado patrimonio histórico, es único en el mundo. En los siglos XV y XVI, la piedra extraída sirvió para edificar la capilla del monasterio de los Capuchinos. Como durante las obras de extracción eran frecuentes los heridos, 20 m más arriba, en la superficie, Jean-Baptiste Cochin hizo construir una enfermería, que se convertiría en el ancestro del actual hospital Cochin. Estas canteras, que proporcionaron el 30 % de las piedras de Notre-Dame, fueron igualmente el lugar donde se inició el cultivo subterráneo de champiñones. El estiércol de los caballos que tiraban de coches y carretas era arrojado aquí, lo cual, sumado a la humedad y al clima templado del ambiente, hacía crecer rápidamente deliciosos champiñones. La visita, realizada con un guía voluntario de la asociación, comienza con el descenso de un centenar de escalones. En estos túneles, cuyo tamaño es el justo para que «un hombre pueda arrastrar una carretilla», la visita pronto adquiere tintes extraordinarios: la extraña luz de las lámparas de sodio (que preservan el ecosistema) hace que en las paredes brillen los colores (el nivel higrométrico llega al 90 %). El camino conduce a la extraordinaria fuente de los Capuchinos: un pozo semicilíndrico, construido en 1810 provisto de una escalera que desciende hasta el nivel de la capa freática.

LA VILLA ADRIENNE

Artistas en el campo

Entrada por la avenue du Général-Leclerc
Un código de entrada restringe el aceso por la noche, pero de día permanece abierto
Metro: Mouton Duvernet

L a Villa Adrienne, creada en 1870 para albergar a militares y al clero del ejército, es un pequeño paraíso situado a pocos pasos de la ruidosa Place Denfert-Rochereau. Está organizada en torno a un armonioso parque privado, embellecido por un césped muy cuidado, árboles frondosos, cómodos bancos y estatuas impasibles. Alrededor del parque, en tres de sus lados, se levantan una serie de bellos edificios de piedra blanca y ladrillo. Destacan sus balcones de terracota con nombres de personajes ilustres como Racine y Corneille. En el cuarto costado vemos un conjunto de magníficas residencias urbanas.

El museo Singer-Polignac (16)

43, avenue Georges Mandel
01 47 27 38 66
singer-polignac.org

Durante las muestras temporales que se organizan regularmente, el Museo Singer-Polignac expone las obras de los enfermos mentales que durante los últimos cincuenta años han asistido a talleres de arte. El centro ofrece una terapia a través de procesos artísticos.

Los medallones de la Méridienne Verte

El Meridiano Verde fue un proyecto concebido por el arquitecto Paul Chemetov (el arquitecto del Ministerio de Economía de Bercy) para la conmemoración del año 2000 en Francia. La idea era plantar árboles por todo el país, siguiendo el trazado del Meridiano de París (desde Dunkerque, en el norte, hasta Prats-de-Mollo-la-Preste, en los Pirineos Orientales).

A semejanza de los medallones de Dibbets, cinco medallones marcan la línea del Meridiano Verde a su paso por París: tres al oeste del estanque del Jardín de Luxemburgo, uno al sureste del Jardín de Marco-Polo (avenue de l'Observatoire) y el último en la esquina de la avenue Denfert-Rochereau y de la avenue de l'Observatoire.

LA MIRA DEL SUR

Un vestigio del Meridiano de París

Parc Montsouris (junto al boulevard Jourdan)

⑰

Con una altura de 4 m, la *Mira del Sur* es un curioso monumento de piedra sobre el que se lee la siguiente inscripción: «En el reino de... (el nombre de Napoleón ha sido borrado), mira del observatorio – MDCCCVI». Erigida inicialmente en el jardín del Observatorio de París, la mira servía para calibrar los instrumentos. Fue trasladada al parque de Montsouris en 1806, después de que se hicieran obras de remodelación. Su nueva ubicación la desvió ligeramente del Meridiano* de París.

El Meridiano de París

Antes de ser reemplazado por el de Greenwich en 1884, el Meridiano de París era la referencia para los geógrafos del mundo entero. Empezó a ser calculado en 1669, dos años antes de la fundación del Observatorio de París, cuyo centro sirvió como punto de partida para su trazado.

El cálculo del meridiano fue finalizado en 1718 por los Cassini, padre e hijo, y por Philippe de La Hire; luego fue medido de nuevo por Delambre y Méchain, entre 1792 y 1798, a petición de la Convención, que deseaba determinar la longitud exacta del metro (véase página 118). Los nombres de Cassini, Delambre y Méchain han sido inmortalizados en las calles cercanas al Observatorio. Arago y Biot prolongaron después los cálculos de Delambre y Méchain hasta las islas Baleares. El Meridiano está actualmente señalizado en las aceras parisinas con 135 medallones grabados con el nombre de Arago.

El límite norte del meridiano lo marca un obelisco denominado la «Mira del norte». Se encuentra en el número 1 de la avenue Junot, en Montmatre, lamentablemente de propiedad privada. Aunque ha sido declarado patrimonio histórico, no se puede visitar. El obelisco de piedra fue construido en 1736 «por orden del rey»; originalmente se trataba de un simple poste de madera que el Abad Jean Picard había instalado en 1675. La «Mira del sur» está ubicada en el parque Montsouris, en el distrito XIV. (ver arriba).

También se encuentran rastros de este meridiano en el suelo del Centro Comercial del Carrousel del Louvre, bajo la pirámide invertida. Igualmente, hay otra mira en Villejuif, en las afueras de París (véase la guía *Grand Paris insolite et secret*, de la misma editorial). Fue instalada en el siglo XVIII por Jacques Cassini, topógrafo e hijo de Jean-Dominique Cassini, fundador de la astronomía en Francia.

* *Un meridiano es una línea imaginaria que une el Polo Norte y el Polo Sur. Su rasgo principal es que, a mediodía (hora solar), situándose sobre cualquiera de sus puntos, se verá el sol en su cenit.*

15° Arrondissement

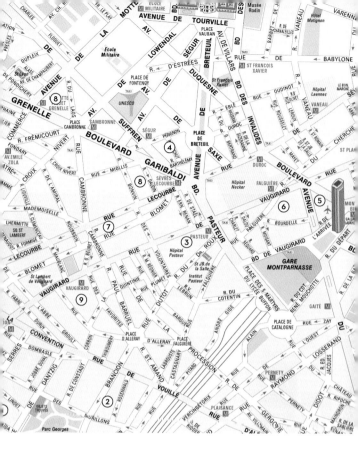

LA RUCHE

Una colmena de artistas

2, passage Dantzig
Metro: Porte de Versailles o Porte de Vanves
Visitas únicamente con cita previa
Contactar con Monsieur Herth en el 01 48 28 16 38

La Ruche, discretamente instalada al inicio de un callejón, en medio de un magnífico jardín de árboles centenarios, fue una iniciativa de Alfred Boucher (1850-1904), célebre escultor de espíritu filantrópico: en 1902 creó un falansterio artístico en París destinado a ayudar a los jóvenes artistas que carecían de recursos. Viajó a Italia para recibir el Premio de Roma, pero antes de regresar a París, Alfred Boucher hizo una escala en Milán donde vendió varias de sus obras.

Ese pequeño capital lo invirtió en la compra del terreno y así nació La Ruche. El edifico principal fue construido con materiales de los pabellones de la Exposición Universal de 1900, principalmente del antiguo pabellón de Vinos del Médoc realizado por Gustave Eiffel cuya forma poligonal inspiró el nombre de La Ruche (la colmena).

En el centro, una magistral escalera de madera bañada de luz conduce a los tres pisos donde están ubicados los pequeños talleres donde trabajaron, entre otros, Léger, Zadkine, Soutine, Chagall o Modigliani. Aunque hoy es algo más pequeña, La Ruche sigue contando con cuatro edificios, otro de los cuales también fue construido con materiales recuperados de la Exposición Universal. Estuvo a punto de ser demolida, pero se salvó gracias a una movilización de artistas encabezada por Chagall y Malraux. Fue adquirida en 1971 por René y Geneviève Seydoux, creadores de la fundación que se dedica a la gestión de esta ciudad de artistas.

La Ruche, declarada patrimonio histórico, acoge hoy a unos sesenta residentes (al principio eran 140). Además de pintores, escultores o grabadores, también hay videoartistas, escenógrafos, caricaturistas y dibujantes.

QUÉ VER EN LOS ALREDEDORES
La Villa Santos-Dumont ②

Dividida en parcelas en los años 20 por el arquitecto Raphaël Paynot sobre un antiguo terreno vinícola, la sorprendente Villa Santos-Dumont atrajo rápidamente a algunos artistas del distrito de Montparnasse como Zadkine, Léger o Brauner. Hoy en día, la Villa sigue reuniendo a una serie de artistas que luchan por preservar la tranquilidad del lugar.

EL MUSEO PASTEUR

*Una derogación presidencial para una capilla
funeraria*

*25, rue du Docteur-Roux
01 45 68 82 83
pasteur.fr
Lunes a viernes 14 a 17:30 h, cerrado en agosto
Metro: Pasteur*

Institut Pasteur © Jean Desroche

El interesante Museo Pasteur, fundado en 1936 e instalado en la sede del Instituto Pasteur, está dedicado al célebre científico cuyos descubrimientos revolucionaron la química, la agricultura, la industria, la medicina, la cirugía y las nociones de higiene de su tiempo. Famoso por sus investigaciones sobre cristalografía, por el descubrimiento de las vacunas y de la profilaxis de la rabia, Louis Pasteur dejó aquí, en esta casa museo, una sala llena de objetos científicos que ilustran la cronología de su obra.

La instructiva visita continúa por la vivienda privada de la familia Pasteur, donde Louis pasó los últimos siete años de su vida. Estas habitaciones, reconstruidas fielmente entre 1934 y 1936 por el Instituto –tras la donación por parte del nieto, de todos los muebles y objetos que pertenecieron a sus abuelos–, presentan una imagen conmovedora de la vida y obra del gran investigador, y del modo de vida de la burguesía de finales del siglo XIX.

El apartamento, compuesto por diez habitaciones y dos galerías comunicadas por una escalera de estilo francés, está repleto de muebles y objetos y algunas piezas de gran valor adquiridas por la pareja o donadas por sus admiradores: se puede ver un jarrón de cristal, pieza única, firmado por Émile Gallé, obsequio de los alumnos de la Escuela Normal Superior cuando se jubiló. Justo al lado de este preciado objeto, se exhibe un tricot inacabado de Madame Pasteur...

El recorrido por la intimidad de Louis Pasteur finaliza en la capilla funeraria, donde reposa el cuerpo del sabio, gracias a una derogación presidencial. La capilla está fastuosamente decorada con motivos neobizantinos, llenos de símbolos, cuyo significado les será desvelado por el entusiasta guía.

QUÉ VER EN LOS ALREDEDORES
El antiguo pozo artesiano de Grenelle
Place Georges-Mulot

La monumental fuente de columnas neogóticas y medallones de celebridades que se erige en medio de la Place Georges-Mulot (nombre de quien dirigió las perforaciones) recuerda el emplazamiento del antiguo pozo artesiano de Grenelle, cavado en el emplazamiento de los antiguos mataderos. Las obras de perforación comenzaron en diciembre de 1833 (véase página 307).

¿Por qué hay tantas creperías en Montparnasse?

Muchos parisinos jamás se lo han preguntado, pero no es casualidad que haya tantas creperías bretonas cerca de la Gare de Montparnasse: aquí llegan los trenes procedentes de Bretaña. La misma razón explica los numerosos restaurantes de chucrut y cerveza cerca de la gare de l'Est: los trenes procedentes de Alsacia y Lorena terminan aquí.

EL CENTRO KRAJCBERG

Me refiero a una época en la que los menores de 20 años...

21, avenue du Maine
01 42 22 90 16
Todos los días 12:30 a 19 h, exepto sábado
Centro Krajcberg: martes-sábado
Metro: Montparnasse Bienvenue

El interesante Museo Pasteur, fundado en 1936 e instalado en la sede del Instituto Pasteur, está dedicado al célebre científico cuyos descubrimientos revolucionaron la química, la agricultura, la industria, la medicina, la cirugía y las nociones de higiene de su tiempo. Famoso por sus investigaciones sobre cristalografía, por el descubrimiento de las vacunas y de la profilaxis de la rabia, Louis Pasteur dejó aquí, en esta casa museo, una sala llena de objetos científicos que ilustran la cronología de su obra.

La instructiva visita continúa por la vivienda privada de la familia Pasteur, donde Louis pasó los últimos siete años de su vida. Estas habitaciones, reconstruidas fielmente entre 1934 y 1936 por el Instituto –tras la donación por parte del nieto, de todos los muebles y objetos que pertenecieron a sus abuelos–, presentan una imagen conmovedora de la vida y obra del gran investigador, y del modo de vida de la burguesía de finales del siglo XIX.

El apartamento, compuesto por diez habitaciones y dos galerías comunicadas por una escalera de estilo francés, está repleto de muebles y objetos y algunas piezas de gran valor adquiridas por la pareja o donadas por sus admiradores: se puede ver un jarrón de cristal, pieza única, firmado por Émile Gallé, obsequio de los alumnos de la Escuela Normal Superior cuando se jubiló. Justo al lado de este preciado objeto, se exhibe un tricot inacabado de Madame Pasteur...

El recorrido por la intimidad de Louis Pasteur finaliza en la capilla funeraria, donde reposa el cuerpo del sabio, gracias a una derogación presidencial. La capilla está fastuosamente decorada con motivos neobizantinos, llenos de símbolos, cuyo significado les será desvelado por el entusiasta guía.

QUÉ VER EN LOS ALREDEDORES
El antiguo pozo artesiano de Grenelle ④
Place Georges-Mulot

La monumental fuente de columnas neogóticas y medallones de celebridades que se erige en medio de la Place Georges-Mulot (nombre de quien dirigió las perforaciones) recuerda el emplazamiento del antiguo pozo artesiano de Grenelle, cavado en el emplazamiento de los antiguos mataderos. Las obras de perforación comenzaron en diciembre de 1833 (véase página 307).

¿Por qué hay tantas creperías en Montparnasse?
Muchos parisinos jamás se lo han preguntado, pero no es casualidad que haya tantas creperías bretonas cerca de la Gare de Montparnasse: aquí llegan los trenes procedentes de Bretaña. La misma razón explica los numerosos restaurantes de chucrut y cerveza cerca de la gare de l'Est: los trenes procedentes de Alsacia y Lorena terminan aquí.

EL CENTRO KRAJCBERG

Me refiero a una época en la que los menores de 20 años...

21, avenue du Maine
01 42 22 90 16
Todos los días 12:30 a 19 h, exepto sábado
Centro Krajcberg: martes-sábado
Metro: Montparnasse Bienvenue

©marionharr

Lejos del bullicio del distrito de Montparnasse, el número 21 de la Avenue du Maine es un magnífico callejón adoquinado y arbolado que originalmente fue un área de relevo para las diligencias que se dirigían hacia el oeste de Francia. A comienzos del siglo XX, Joseph Roux, el propietario del terreno, tuvo la genial idea de comprar algunos de los edificios de la Exposición Universal de 1900 que estaban siendo desmontados. Para dicha de los artistas sin recursos, Roux los utilizó para construir una treintena de talleres que fueron instalados a ambos lados de la calle. A partir de 1912, Marie Vassilieff (que animaba la Academia de Montparnasse y la Academia Rusa) acogió en su local a los artistas que luego formarían la Escuela de París, y creó una especie de cantina para socorrer a los artistas más pobres. Nombres ilustres como Picasso, Braque, Modigliani, Léger, Derain, Max Jacob y Fujita se beneficiaron de su generosidad en los momentos en que la suerte no les sonreía.

Hoy en día, este callejón sigue siendo guarida de artistas (pintores, arquitectos, actores, floristas, decoradores...), que luchan con tesón por conservar este pequeño oasis de vegetación. El Museo de Montparnasse (cuyo núcleo es el taller de Marie Vassilieff) fue creado en 1998 y realiza exposiciones temáticas para dar a conocer mejor el pasado ilustre del lugar.

En el 2003, el Centro Krajcberg abrió sus puertas al fondo del callejón. En él se encuentran las esculturas que el artista brasileño donó a la Ville de Paris, al igual que un centro de documentación sobre su obra. Pero más que nada, este espacio se ha convertido en un lugar de encuentro entre Francia y Brasil, donde, a través del arte, se intenta concienciar al visitante de los problemas medioambientales.

QUÉ VER EN LOS ALREDEDORES
El museo Bourdelle ⑥
16, rue Antoine Bourdelle
01 49 54 73 73
El Museo Bourdelle, edificado en 1961 en el mismo lugar donde vivió el escultor Antoine Bourdelle (alumno de Rodin y maestro de Giacometti), agrupa un buen número de obras (bronces, yesos, grandes figuras de mármol, monumentos y bajorrelieves), algunas de ellas de tamaño monumental. Ciertas salas acogen exposiciones temporales de otros artistas.

LA IGLESIA SAINT SÉRAPHIN DE SAROV

⑦

Un árbol en la iglesia

91, rue Lecourbe
Se admiten visitas todos los sábados 14:30 a 17 h
Metro: Volontaires

La iglesia ortodoxa Saint Séraphin de Sarov se oculta en el patio trasero del edificio del número 91 de la rue Lecourbe. Esta pequeño tesoro, totalmente invisible desde la calle (se debe entrar por el portal, atravesar un primer patio interior y en el segundo patio girar a la derecha), lleva el nombre de un ermitaño ruso que fue emparedado vivo. La primera parroquia, fundada en 1933, era una simple edificación construida alrededor de un árbol, sin embargo, el edificio erigido en 1974 tiene muchísimo encanto. Rodeado por la vegetación de un pequeño jardín, sus muros exteriores están recubiertos de madera y el tejado está coronado por un bulbo azul, adornado con la cruz ortodoxa de tres brazos. En el interior podemos ver multitud de iconos, así como el tronco del árbol original, conservado en medio de la capilla.

La iglesia Saint Séraphin de Sarov es el lugar de encuentro de la comunidad rusa del *arrondissement* XV. Vale la pena visitarla por el cálido ambiente que envuelve las celebraciones religiosas, anunciadas en los carteles informativos de la entrada. Tal vez tenga la oportunidad de participar en alguno de los banquetes rusos organizados a lo largo del año.

Otras iglesias ortodoxas del distrito

Numerosos aristócratas rusos (los *Rusos blancos*) vinieron a Francia escapando de la Revolución Rusa y muchos de ellos se instalaron en los *Arrondissements* XV y XVI de París. Con el fin de preservar su cultura y sus ritos, rápidamente fundaron las parroquias ortodoxas que actualmente adornan ambos distritos. La iglesia ortodoxa de la Présentation-de-la-Vierge (91, rue Olivier-de-Serres), también escondida tras un conjunto de inmuebles, es menos interesante en términos arquitectónicos. Oficia los sábados a las 18 h y los domingos a las 10:30 h. La iglesia Trois-Saints-Docteurs-et-Saint-Tikhon, de estilo similar (una fachada simple y una rica decoración interior), se encuentra en el número 5 de la rue Petel. Existent otras tres capillas ortodoxas en el *Arrondissement* XVI: en el número 19 de la rue Claude-Lorrain; en el 7 de la rue Georges-Bizet, y en el 87 del boulevard Exelmans.

QUÉ VER EN LOS ALREDEDORES

El frontón de la Cavalerie

Club de Pelota vasca, 10, rue de la Cavalerie
01 45 67 06 34
Todos los días - es mejor ir a partir de las 16 h
El domingo, de 14 a 17 h, el frontón está destinado a los niños principiantes
(incluso a aquellos cuyos padres no son miembros)
Metro: La Motte Picquet Grenelle

El magnífico frontón de la Cavalerie, inscrito desde 1986 en el inventario anexo de los monumentos históricos, fue creado en 1929 por un grupo de argentinos en el séptimo piso de un edificio. Aunque el cartel dice que se trata de un club privado, los visitantes son bienvenidos y pueden asistir a los partidos desde las gradas pero sólo los miembros pueden jugar. Para hacerse socio es necesaria la recomendación de dos personas, lo que le permitirá disfrutar también de un pequeño bar y de un salón digno de un club inglés.

El número 15 del square de Vergennes

Entrada por el número 279 de la rue de Vaugirard
fmep.fr/architecture.php
Martes a sábado de 12 a 19 h
Cerrado en agosto y los días festivos
Visitas guiadas con cita previa: 01 56 23 00 22 - info@15squaredevergennes.com
Metro: Vaugirard

Este antiguo taller, construido entre 1931 y 1932 por Robert Mallet-Stevens para el maestro vidriero Louis Barillet, ha sido recientemente reconvertido en un auténtico centro de diseño y de arte contemporáneo. Tras el deterioro causado por los anteriores propietarios, el edificio –inscrito desde 1993 en el inventario anexo de los monumentos históricos– fue comprado en 2001 por un amante del arte que lo restauró y reconstruyó siguiendo el diseño original. El edificio recuperó así sus volúmenes, los grandes ventanales en los niveles superiores y las vidrieras blancas estilo *art déco* de Louis Barillet. El trabajo de restauración fue un logro fenomenal, teniendo en cuenta que sólo existían tres fotografías que mostraban cómo era originalmente el edificio.

El jardín de la clínica Blomet

134-136, rue Blomet
Preséntese en la recepción o llame a las hermanas enfermeras al 01 45 32 89 50
Misa: lunes a viernes 7:30 h. No hay misa el domingo

Tras su apariencia moderna, la clínica Blomet alberga en su interior una capilla de estilo neogótico. Las hermanas de Saint-Paul-de-Chartres, que están a cargo de la capilla, también se ocupan del mantenimiento del jardín. Solicitándolo amablemente, podrán dar por él un agradable paseo.

La Cité Morieux

56, rue de la Fédération
Lindo callejón rodeado de casitas de estilo campestre.

El Cuervo y el Zorro

Una hermosa escultura inspirada en la fábula de La Fontaine, *El Cuervo y el Zorro*, adorna la fachada del número 40 de la Avenue Félix-Faure.

LOS FRESCOS DE LA IGLESIA SAINT-CHRISTOPHE DE JAVEL

Cuando San Cristóbal bendecía a aviadores y pilotos de carreras...

28, rue de la Convention
01 45 78 33 70 - scjavel.net
Todos los días de 9 a 19:30 h
RER: Javel

La fachada del pórtico de entrada de la iglesia Saint-Christophe de Javel presenta unos frescos extraordinarios. Fueron diseñados en los años 30 por Henri-Marcel Magne, y representan a San Cristóbal bendiciendo a los navegantes, aviadores, maquinistas de tren y automovilistas. La imagen es surrealista e invita a entrar en el interior para admirar los frescos del coro, los bellos volúmenes y las hermosas vidrieras modernas, también realizadas por Magne. Javel es un distrito en el que la presencia de la industria del transporte ha sido muy marcada. Además de las antiguas fábricas de Citroën, que dejaron un parque con su nombre, también hubo fábricas de locomotoras, globos y dirigibles. Como era lógico, la iglesia fue bautizada con el nombre del santo patrono de los viajeros (ver abajo).

Esta iglesia, construida entre 1926 y 1930, fue la primera iglesia del mundo diseñada en hormigón armado prefabricado, material que facilita la construcción y disminuye los costes. Hoy parece sorprendente, pero la iglesia se logró financiar gracias a una suscripción de automovilistas, cada uno de los cuales donó la suma equivalente a un bidón de gasolina. El cardenal arzobispo de París solía venir a bendecir los coches de los propietarios, que, atraídos por la promesa de una protección divina, se congregaban en masa ante la iglesia. El seguro de coches no se hizo obligatorio hasta 1958.

San Cristóbal y la leyenda dorada

Según la leyenda, San Cristóbal llevó a Cristo siendo niño sobre sus espaldas para cruzar un torrente de agua. El origen griego de su nombre parece confirmarlo: Cristos-phoros (aquel que carga a Cristo). La historia del santo fue relatada por Jacques de la Voragine, un dominico genovés del siglo XIV, en su libro *La leyenda dorada*, un texto fundamental de la cristiandad. En él se narran las vidas de 180 santos, santas y mártires cristianos, al igual que ciertos episodios de la vida de Cristo organizados según el calendario litúrgico.

El origen de la lejía (Eau de Javel)

A finales del siglo XVIII, unos empresarios obtuvieron la autorización para abrir una fábrica de vitriolo cerca del molino de Javelle, en el actual distrito de Javel.
Fue en este lugar donde se descubrió el hiposulfato de sodio, que más tarde se llamaría *Eau de Javel* (agua de Javel).

16° *Arrondissement*

EL LABORATORIO AERODINÁMICO EIFFEL

El fuelle de Eiffel

67, rue Boileau
Visitas en grupo viernes 14 h, previa cita en 01 42 88 47 40 o lyly.exumat@
aerodynamiqueeiffel.fr
Visitas individuales previa cita: 01 55 09 30 72 o exploreparis.com/fr/95-
aerodynamique-eiffel.html
Metro: Exelmans

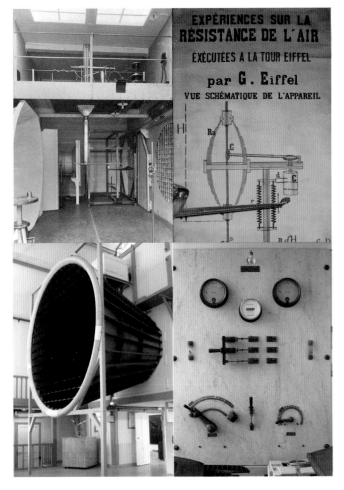

El laboratorio aerodinámico Eiffel, declarado patrimonio histórico, es una extraordinaria muestra del pasado industrial que se puede visitar. Permanece intacto gracias a la previsión de Gustave Eiffel (en 1920 estipuló que el laboratorio no sería destruido mientras el fuelle siguiera funcionando) y al celo de la Sociedad Aerodinámica Eiffel, en especial a su actual conservador, M. Peter, ingeniero a cargo desde 1959. Más conocido por la famosísima torre que lleva su nombre, el ingeniero Gustave Eiffel también fue pionero en la experimentación aerodinámica. El laboratorio, inaugurado en 1912, aún sigue en actividad en un estado de conservación sorprendente. Eiffel, que lo dirigió hasta 1920, utilizó modelos reducidos de aeroplanos para reunir los primeros datos científicos de la naciente industria de la aviación. El laboratorio aerodinámico diversificó su actividad, por lo que además de los experimentos de aero- náutica, abrió sus instalaciones técnicas a la industria automovilística y a la construcción. Fue en estos talleres donde se probó el prototipo del Citroën ZX que participó en el rally París-Dakar, así como las maquetas del estadio de fútbol de Amiens y del edificio del CNIT ubicado en La Defensa. El laboratorio se compone de un vasto hangar y de una serie de talleres donde se construyen los modelos, se pilota el fuelle y se miden los resultados. El edificio poseía en un principio dos fuelles. El más pequeño (1 m de diámetro) fue desmontado en 1933. El otro (2 m de diámetro), por el contrario, sigue funcionando desde hace noventa años. En él, las maquetas de los ingenieros son sometidas a vientos de hasta 100 km/h para probar la resistencia y el comportamiento de los diseños. Si el día en que lo visite no están probando ninguna maqueta, aproveche y pida que le dejen entrar al fuelle para sentir el viento en su cuerpo. La experiencia es impresionante.

En el hangar también hay hermosas maquetas de coches, aeroplanos e incluso del propio fuelle realizadas en madera. También se puede ver el famoso aparato de caídas que le permitía a Eiffel medir la resistencia del aire, dejando caer un objeto desde lo alto de su torre.

LA VILLA MULHOUSE

Viviendas muy especiales para obreros

Villas Dietz-Monin, Émile-Meyer y Cheysson
Situada entre la rue Parent-de-Rossan y la rue Claude-Lorrain
Entrada por los números 84 y 86 de la rue Boileau
Metro: Exelmans

Aunque las casas que componen este interesante conjunto de calles campestres son hoy en día muy costosas, este no siempre fue el caso: Émile Cheysson (1836-1910), inspector general de Calzadas y Puentes, publicó centenares de artículos sobre el problema de la vivienda proletaria y, como militante social comprometido, fue uno de los promotores de este proyecto, construido a principios del siglo pasado para acoger a familias obreras.

QUÉ VER EN LOS ALREDEDORES

La aldea Boileau, la villa Molitor, la villa de la Réunion ③

38, rue Boileau - 7, rue Molitor - 29, rue Chardon-Lagache
Metro: Chardon Lagache o Michel Ange Molitor

En un pequeño sector, al sur del *Arrondissment* XVI, se encuentran una serie de estrechas callejuelas, vías privadas o villas que hacen soñar a los transeúntes y a los ricos inversores inmobiliarios en busca de tranquilidad. Aunque hay un cierre y varios vigilantes para preservar la tranquilidad de los residentes (un cantante famoso, un óptico que ha hecho fortuna...), se puede apreciar a través de las verjas el encanto de la aldea Boileau, la villa Molitor y la villa de la Réunion: una serie de casas y mansiones privadas rodeadas de frondosos jardines privados.

Los bajorrelieves del 16, rue Chardon-Lagache ④

Construido por Jean Hillard en 1934, el edificio *art déco* del 16, rue Chardon-Lagache posee dos preciosos conjuntos de bajorrelieves a menudo desconocidos por los parisinos. Diseñados por el escultor Georges Maxime Chiquet, alumno de Bouchard, cuyo museo está cerca, representan, sobre cuatro plantas, los trabajos de la viña y de los campos.

La marquesina: una protección contra la lluvia

La marquesina, elemento frecuente en numerosos edificios parisinos de gran belleza –especialmente en el *arrondissement* XVI–, es un saliente de vidrio que se encuentra justo encima de la puerta de entrada. Antiguamente, permitía bajar del coche permaneciendo fuera del alcance de la lluvia.

APARTAMENTO
DE LE CORBUSIER

En la intimidad del maestro

24, rue Nungesser et Coli
01 42 88 75 72
Lunes, jueves y viernes 14 a 18 h, sábado 10 a 13 h y 13:30 a 18 h
Metro: Porte de Saint Cloud o Porte d'Auteuil

Encajado entre edificios con fachadas de sillar, el apartamento del 24 rue Nungesser et Coli, con ladrillos de vidrio, sorprenderá probablemente al transeúnte curioso. Las plantas 6 y 7 de este edificio albergan el apartamento-estudio de Le Corbusier, concebido por el célebre arquitecto con la ayuda de su primo Pierre Jeanneret en 1933. Le Corbusier vivió aquí desde 1934 hasta su muerte. El apartamento es propiedad de la Fundación Le Corbusier y se visita en pequeños grupos, solo previa cita. La visita no es guiada pero el estudiante de arquitectura que recibe a las visitas responderá amablemente a sus preguntas. Si es el único visitante, tal vez le ofrezca un café.

El apartamento es un dúplex con increíbles vistas a ambos lados. A un lado, se ve todo Boulogne-Billancourt hasta Mont-Valérien con vistas al estadio Roland-Garros, y al otro lado, el apartamento da al estadio Jean Bouin y a la Porte Molitor. En este «nido de águila», los volúmenes, las habitaciones y la luz que se filtra por sus ventanas pulidas favorecen la meditación y la creatividad. Durante la visita uno descubre el estudio del arquitecto, su zona de trabajo, su habitación con su divertida ducha de hormigón. Como suele ser habitual en Le Corbusier, las ventanas son horizontales. Arriba, le espera la habitación de invitados con su original terraza cubierta.

El apartamento no tiene muchos muebles, pero merece la pena visitar la guarida de uno de los arquitectos más innovadores de la primera mitad del siglo XX. Es un buen punto de partida antes de dar un paseo por el barrio de Boulogne de los años 1930, repleto de hoteles y de edificios diseñados por grandes arquitectos.

QUÉ VER EN LOS ALREDEDORES

La iglesia de Todos los Santos de Rusia ⑥

19, rue Claude-Lorrain - 01 45 27 24 82 - Oficio todos los días a las 18 h
Metro: Exelmans

La iglesia de Tous-les-Saints-de-la-Terre-Russe, discretamente instalada en la planta baja de un edificio de ladrillo al que se accede por una puerta de madera, adornada con un arco de estilo *kokochnik* (es el único elemento ruso que se distingue), no está reconocida por los patriarcas de Moscú ni de Constantinopla y depende de la Iglesia rusa en el extranjero. A unos cientos de metros, en el número 87 del boulevard Exelmans, hay otra iglesia ortodoxa rusa, la iglesia de la Aparición de la Virgen. No lejos de allí, (los *Rusos blancos* se sintieron a gusto en este distrito), se encuentra otra iglesia católica rusa de rito bizantino, en el número 39 de la rue François-Gérard.

EL CASTEL BÉRANGER

⑦

El Castel Trastornado

14, rue La Fontaine
Metro: Ranelagh o Jasmin

ector Guimard no había demostrado aún su talento cuando le concedieron el diseño y la construcción de un edificio en el corazón de lo que era entonces el pueblo de Auteuil. La propietaria del terreno tuvo una maravillosa intuición, ya que el edificio construido por Guimard entre 1897 y 1898, ganó el concurso de fachadas organizado por la Ville de Paris en 1899, y lanzó a la fama al arquitecto. Se trata de un edificio de 36 viviendas, realizado en piedra y ladrillo rosa, madera, hierro y acero, cerámica barnizada y ladrillo esmaltado, que es sin duda la obra maestra de Guimard. El arquitecto aplicó los principios fundamentales del *art nouveau*, y diseñó igualmente toda la decoración interior: desde los muebles y alfombras hasta el papel mural pasando por los picaportes. A pesar del estupor de la gran mayoría de la gente que bautizó al edificio con el nombre de «Castel dérangé» (Castel trastornado) en lugar de Castel Béranger, algunos personajes de la época, como el pintor Paul Signac, proclamaron la genialidad de Guimard y se instalaron en el edificio.

QUÉ VER EN LOS ALREDEDORES

El número 45 de la rue Ribera ⑧

Soberbio altorrelieve del arquitecto Boussard, que data de finales del siglo XIX. No muy lejos, en el número 1 de la rue de l'Yvette, podemos ver unas extrañas cariátides.

Hector Guimard

Hector Guimard, nacido en Lyon en 1867, es la referencia francesa del *art nouveau*. Las obras más notables que dejó para la posteridad, son las estaciones de metro diseñadas entre 1899 y 1904. Aún se conservan 66 de las 380 que inicialmente realizó. Las más famosas son las de Porte Dauphine y Abbesses, que tienen la particularidad de estar cubiertas con espléndidas cristaleras. El arquitecto también nos dejó numerosas casas y edificios de estilo *art nouveau*, la mayoría de ellos en el *Arrondissement* XVI donde residió.

Sus creaciones son las siguientes:
En el XVI *Arrondissement*:
- Castel Béranger: 14, rue La Fontaine (1895/1898) (véase la página anterior)
- Conjunto 17-19 y 21, rue La Fontaine; 8 y 10, rue Agar (1909-1911), y 43, rue Gros
- Hôtel Mezzara: 60, rue La Fontaine (1910)
- Hôtel Roszé: 34, rue Boileau (1891)
- Hôtel Jassedé: 41, rue Chardon-Lagache (1894)
- Escuela del Sacré-Coeur: 1, avenue de la Frillière (1895)
- Edificio Jassedé: 42, avenue de Versailles y 1, rue de Lancret (1903)
- Mansión particular: 3, square Jasmin (1921)
- Edificios de viviendas: 36-38, rue Greuze (1927-1928)
- Villa Flore: 120, avenue Mozart (1924/1926)
- Hôtel Guimard: 122, avenue Mozart (1909/1913)
- Hôtel Delfau: 1, rue Molitor (1894)
- 18, rue Henri-Heine (1930)
- 11, rue Francois-Millet (1909)
- Taller de Carpeaux: 31, boulevard Exelmans (1894), obra temprana, sin referencia al *art nouveau*
En otros lugares de París y de Francia:
- Sinagoga: 19, rue Pavée, IV *Arrondissement*, 1913 (véase página 87)
- Villa La Hublotière (1896): 72, route de Montesson, 78810, Le Vésinet (Yvelines)
- Maison Coilliot: 14, rue de Fleurus, Lille, 1898-1900
- Castel Val: 4, rue des Meulières, Auvers-sur-Oise, 1903
- Castel Orgeval: 2, avenue de la Mare-Tambour, Villemoisson-sur-Orge, 1904
- Chalet Blanc: 2, rue du Lycée, Sceaux, 1904
- Villa Hemsy: 3, rue de Crillon, Saint-Cloud, 1913

El art nouveau

El origen del término *art nouveau* se halla en la galería del mismo nombre, que un galerista de Hamburgo, Samuel Bing (1838-1905) abrió en París en 1895. En ella expusieron los futuros grandes representantes de esta innovadora corriente artística. El término alemán *Jugendstil*, que designa actualmente la corriente geométrica del estilo, fue utilizado inicialmente en Alemania y en Austria para referirse al *art nouveau*.

El término fue acuñado por el editor alemán, Georg Hirth, al lanzar en 1896 en Munich el semanario satírico *Jugend* cuyo estilo provocador y tipografía original fueron asociados a los movimientos artísticos de la época. Así nació el *Jugendstil*.

Existen otros términos para referirse al *art nouveau* como el estilo *secesión*, en Austria, que designa el movimiento de la *secesión vienesa* fundada por G. Klimt en 1897 o el estilo *liberty* en Inglaterra, que viene de la tienda Liberty & Co, entonces especializada en tejidos modernos; o el *modernismo*, que engloba las dos grandes tendencias europeas. Otros términos más corrientes, como estilo *nouille* o estilo *spaghetti*, definen también ese mismo concepto.

Más que una simple corriente artística, el *art nouveau* expresaba una nueva manera de pensar y de vivir, rompiendo y rechazando el modelo de sociedad existente. Aspiraba a la emancipación del mundo obrero del sistema de explotación, del rol de la Iglesia y de la liberación de la mujer, poniendo de relieve un erotismo y una sensualidad hasta entonces prohibidos.

Ver al respecto las numerosas representaciones de bustos femeninos en las fachadas de los edificios *art nouveau*.

El *art nouveau* tuvo su edad de oro entre finales del siglo XIX y 1914. El inicio de la Primera Guerra Mundial, sin embargo, sentenció su declive, ya que no pudo responder a las demandas impuestas por los planes de reconstrucción a gran escala con reducido presupuesto.

Aunque Hector Guimard es el maestro incontestable de este movimiento, en París hay obras de otros arquitectos importantes, como Jules Lavirotte (véase página 139).

Un vestigio oculto que dio su nombre a la calle

88, rue de la Tour
Metro: Rue de la Pompe

L a rue de la Tour (calle de la Torre) debe su nombre, algo que también desconocen los que viven en ella, a una torre que sigue existiendo: está en el patio del 88, rue de la Tour y se puede ver desde la esquina de las calles rue Desbordes-Valmore y rue de la Tour.

Según algunos, la torre pertenecía al antiguo castillo de la Tour que habría pertenecido en 1305 al copero (ver más abajo) de Felipe el Hermoso. Después fue una prisión, y más tarde construyeron un molino sobre ella, dando su primer nombre a la calle, rue du Moulin-de-la-Tour (calle del Molino de la Torre). La torre se restauró durante el Primer Imperio y en 1897. Hoy, forma parte de un instituto para chicas gestionado por hermanas de Santa Clotilde. El copero era el oficial encargado de servir la bebida a un soberano o a un personaje de alto rango: dado el permanente temor a los envenenamientos, el copero debía de ser de plena confianza y a veces tenía que probar el vino que iba a servir.

QUÉ VER EN LOS ALREDEDORES
Callejón del 70 de la rue de la Tour ⑪

Un precioso callejón sin salida empedrado y rodeado de casas con jardín.

LA RUE MALLET-STEVENS

Un manifesto modernista

Metro: Ranelagh

Construida por Robert Mallet-Stevens a partir de 1926, esta urbanización, compuesta por cinco mansiones, es un auténtico manifiesto de arquitectura moderna. En el número 12 se encuentra el estudio del arquitecto; en el número 10, la casa-taller de los escultores Joël y Jean Martel; en el número 8, la residencia de la pianista Mme. Reifenberg; en el número 7, la de Daniel Dreyfus; y en el 3/5, la de Mme. Allatini. Al fondo de la calle, en el número 1 se encuentra la casa del guarda.

Todas las edificaciones se caracterizan por un juego de cubos blancos y lisos, salientes y gradas, torres, aberturas, tejadillos y terrazas, siguiendo el principio de Robert Mallet-Stevens: «El arquitecto esculpe un bloque enorme, que es la casa». Las residencias fueron declaradas patrimonio histórico en 1975, desafortunadamente demasiado tarde puesto que el mobiliario diseñado por el mismo arquitecto ya había desaparecido.

QUÉ VER EN LOS ALREDEDORES

La villa La Roche

10, square du Docteur-Blanche
01 42 88 75 72
info@fondationlecorbusier.fr - reservation@fondationlecorbusier.fr
Lunes 13:30 a 18 h, martes a viernes 10 a 12:30 h y 13:30 a 18 h, sábado 10 a 18 h

La visita a la villa La Roche, sede de la Fundación Le Corbusier, es una verdadera experiencia estética. Caminando a través de una serie de volúmenes, juegos de tabiques, plataformas, pasarelas y planos inclinados, el profano en cuestiones de arquitectura podrá comprender mejor los logros que hicieron famoso a este arquitecto (véase página 239), a pesar de las muchas críticas, algunas de ellas justificadas, que se le hicieron.

Arquitectura moderna en el Arrondissement *XVI*

Además de las construcciones *art nouveau* de Guimard, el *Arrondissement* XVI, y particularmente el distrito de Auteuil, fue el lugar de experimentación de numerosos arquitectos de comienzos del siglo XX. Cuando se incorporaron a París los pueblos de Passy y de Auteuil, el primero estaba ya muy urbanizado. En el segundo, en cambio, no había mas que tres calles: las actuales rue d'Auteuil, rue Molière y rue La Fontaine (que comunica Auteuil con Passy). Había espacio y dinero, algo que Guimard, Le Corbusier y Mallet-Stevens, al igual que Henri Sauvage (Studiobuilding, en el número 65 de la rue La Fontaine), Ginsberg (42 de la avenue de Versailles) y los hermanos Perret (25 bis de la rue Franklin, y 51-55 de la rue Raynouard, donde vivieron ambos) supieron aprovechar realizando numerosas construcciones y convirtiendo aquella zona del distrito en un pequeño paraíso arquitectónico. Por fortuna para el visitante, la mayoría de estas edificaciones se concentran en un área relativamente pequeña.

LA ENTRADA DE LA ESTACIÓN PORTE DAUPHINE

Una libélula en París

Entrada frente al número 90 de la avenue Foch
Metro: Porte Dauphine

La boca de entrada de la estación Porte Dauphine (línea 2 de metro), creada por Hector Guimard, el mejor representante del *art nouveau* en Francia (véase página 303), es una auténtica obra maestra. La estación fue inaugurada el 13 de diciembre de 1900. Tiene un techo acristalado invertido, a dos aguas, con elementos redondeados, sostenido por dos pilares, uno en la parte delantera y el otro en parte trasera, y una decoración de paneles esmaltados de color naranja. Su particular forma, ligera y aérea, le valió el apodo de la «libélula».

QUÉ VER EN LOS ALREDEDORES

El square des Poètes ⑮

Avenue du Général-Sarrail
Metro: Porte d'Auteuil

Encajonado de forma poco decorosa entre la circunvalación y sus vías de acceso, el square des Poètes posee 48 pequeñas estelas de piedra o de bronce en las que se citan los versos de algunos poetas franceses. Para los nostálgicos de otras épocas, este lugar se encuentra junto al invernadero de Auteuil, un espacio apacible donde pasear al abrigo del frío. En invierno es perfecto para llevar a los niños.

Un búnker en el Bosque de Boulogne ⑯

Muy cerca de la porte Dauphine, en el número 45 de la avenue du Maréchal-Fayolle, se conserva un búnker de la Segunda Guerra Mundial. El sitio, desconocido para la mayoría de los parisinos, alberga actualmente una agrupación scout.

LA CASA DE BALZAC

Traigo los encajes belgas

47, rue Raynouard
01 55 74 41 80
Martes a domingo 10 a 18 h, cerrado lunes y festivos
Visita gratuita de las exposiciones permanentes
Metro: Passy

Esta casa, actualmente reconvertida en museo, fue la residencia de Honoré Balzac entre 1840 y 1847. No sólo fue su vivienda, sino también su refugio. Sus dos entradas, una situada en la rue Raynouard y la otra sobre la rue Berton, le permitían escapar de los acreedores ya que sólo abría la puerta a los visitantes que conocían la contraseña, una de las mas famosas era: «Traigo encajes de Bélgica». El encanto de este lugar reside en la anécdota y en su hermoso jardín.

El museo reúne manuscritos, primeras ediciones y varios retratos del escritor realizados por artistas de la época. Desafortunadamente se conservan escasos objetos personales: tras la muerte del escritor, la viuda se deshizo de todas sus pertenencias. Más que la propia colección, es el ambiente un tanto anticuado lo que hace apasionante la visita. Los amantes de la obra de Balzac, presten especial atención al enorme e interesante cuadro genealógico de los personajes que conforman *La comedia humana*, obra que escribio cuando residió en esta casa.

QUÉ VER EN LOS ALREDEDORES

Un museo del vino... en la rue des Eaux (calle de las Aguas)

Musée du Vin
Rue des Eaux y 5, square Charles-Dickens
01 45 25 63 26
museeduvinparis.com
info@museeduvinparis.com
Martes a domingo 10 a 18 h
Posibilidad de visitas en grupo a partir de 15 personas
Restaurante: martes a sábado de 12 a 15 h

El musée du Vin, inaugurado en 1984 por la cofradía de los *Échansons de France*, se encuentra, paradójicamente, en la rue des Eaux (calle de las aguas). Este lugar fue creado en un antiguo laberinto de galerías, utilizadas en los siglos XVI y XVII por los hermanos del Convento de Mínimos de Passy para la producción de vino blanco. Los sacerdotes tuvieron que dejar el lugar durante las persecuciones que se desencadenaron con la Revolución, lo que supuso el abandono total de las galerías hasta hace solo veinte años. Actualmente, en los nichos rehabilitados, se pueden ver todas las herramientas utilizadas para cultivar los viñedos, para elaborar el vino y, también para degustarlo (se conservan objetos muy graciosos, como las jarras para zurdos o las copas imposibles de volcar). La visita concluye con la degustación de una copa de vino, incluida en el precio de entrada. Si este les abre el apetito, pueden quedarse a comer (excepto los lunes).

LA VILLA BEAUSÉJOUR

Rusia en París

7, boulevard de Beauséjour
Apertura de la verja mediante intercomunicador: pida autorización a un
residente para echar un vistazo
Metro: La Muette

A pesar de tener nombre francés, la villa Beauséjour es en realidad un minúsculo pueblo de isbas rusas de madera (existe incluso una oficina típica de correos).

Estas fueron fabricadas para la Exposición Universal de 1867, y reconstruidas posteriormente en pleno centro del *Arrondissement* XVI. Sólo una de ellas fue traída de Rusia. Las otras tres fueron construidas en París, siguiendo los planos de la comisión rusa de la Exposición.

Las viviendas, que aún están habitadas, forman parte del inventario anexo de monumentos históricos.

QUÉ VER EN LOS ALREDEDORES
La aldea de Passy ㉕

48, rue de Passy
Pequeño callejón de ambiente rural, que comunica la rue Vital con la rue de Passy, por la parte trasera de los edificios.

Vestigios del Hôtel de Ville y del Palacio de las Tullerías en los Jardines del Trocadero

En la parte baja del Jardín del Trocadero, del lado de Passy, se encuentran los vestigios del Hôtel de Ville (construido por Dominique de Cortone durante el reinado de Francisco I) y del Palacio de las Tullerías (concebido por Philibert Delorme para Catalina de Médici). Fueron traídos aquí después de que los partidarios de la Comuna incendiaran los edificios en 1871.

QUÉ VER EN LOS ALREDEDORES

El obelisco de Benjamin Franklin

66, rue Raynouard, en la esquina de la rue Singer

En la pared del número 66 de la rue Raynouard, haciendo esquina con la rue Singer, hay un imponente (aunque poco conocido) bajorrelieve con forma de obelisco. Conmemora el lugar donde Benjamin Franklin instaló el primer pararrayos de Francia: los jardines del antiguo Hôtel de Valentinois (hoy destruido), lugar donde se hospedaba durante sus estancias en París y donde hizo erigir el instrumento que inventó en 1756. Además de ser Embajador del Congreso Americano en Francia, Franklin también participó en la redacción de la Declaración de Independencia. En el distrito, el Colegio Saint-Louis-de-Gonzague es más conocido por el nombre de «Franklin», y un poco más lejos, en la esquina de la rue Franklin con la avenue Paul-Doumer, hay una escultura del célebre personaje.

Un Dalí desconocido en la Fundación Mona Bismarck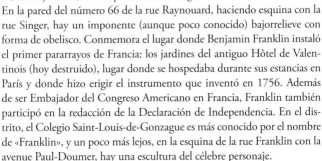

34, avenue de New-York - americancenterparis.org - Metro: Iéna

La fundación Mona-Bismarck, creada en 1986, se encuentra en una bella residencia urbana que abre sus puertas al público durante las frecuentes exposiciones que organiza. Es una ocasión perfecta para admirar la suntuosa arquitectura interior del edificio. No se pierda el salón chino con sus magníficos frescos, ni el bello biombo de laca roja o el retrato de Mona Bismarck pintado por Dalí. El establecimiento, respetando los deseos de su fundadora (de origen americano), tiene como finalidad potenciar las relaciones franco-americanas organizando dos o tres exposiciones al año.

El jardín del Panteón budista

Anexo del Museo Guimet - 19, avenue d'Iéna
Todos los días 9:45 a 17:45 h, excepto martes
Ceremonias del té trimestrales (guimet.fr)

Desde 1991, un pequeño jardín japonés anima el espacio situado detrás del Panteón budista. Un pabellón de té, construido en madera, acoge regularmente dos ceremonias del té que se mantienen fieles a la tradición japonesa. Es un ejemplo de refinamiento que se acerca a la experiencia espiritual.

La estatua de la Libertad parisina mirando hacia los Estados Unidos

La Estatua de la Libertad parisina, regalo de los Estados Unidos, fue ubicada en l'Ile aux de Cygnes con ocasión de la Exposición Universal de 1889.

Hoy en día la estatua está orientada hacia el oeste, donde se encuentra su ilustre hermana neoyorquina.

ICI
S'ÉLEVAIT
UN
PAVILLON
DÉPENDANT
DE
L'HÔTEL DE

VALANTINOIS

DE
1777-1785

B. FRANKLIN

L'HABITA
ET Y FIT PLACER
LE PREMIER

PARATONNERRE

CONSTRUIT
EN FRANCE

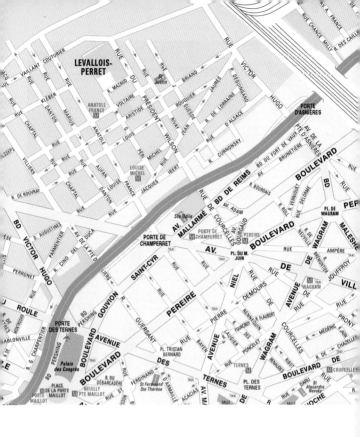

17° Arrondissement

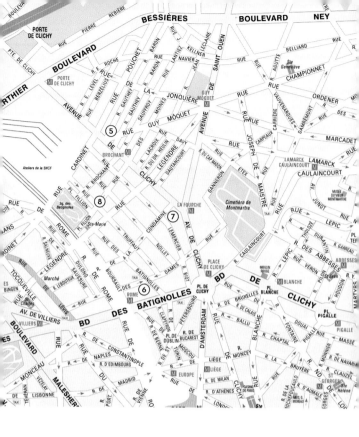

Rotonda de La Villette

El metro elevado: sobre los vestigios de la muralla de Fermiers Généraux

Actualmente, la casi totalidad del trayecto de las líneas 2 y 6 de metro sigue el trazado de la muralla de Fermiers Généraux. Esto es especialmente visible cuando el metro sale al aire libre, entre Barbès y Belleville (línea 2) y entre Pasteur y Passy (línea 6).

Las rotondas de Ledoux, vestigios de la muralla de Fermiers Généraux (1785-1790)

En el siglo XVIII, los parisinos estaban sometidos al *octroi*, un impuesto que se cobraba a los productos de consumo (bebidas, vinos, carne, paja, madera, etc.) que entraban a la ciudad. En el campo tenían que pagar otro impuesto, la *taille*, que se aplicaba a la tierra. Con la aceleración del desarrollo urbanístico de la ciudad y de sus suburbios, los límites fiscales se hicieron inciertos y el fraude se generalizó. En 1785, por iniciativa de la Ferme Générale –los campesinos encargados de recolectar los impuestos–, Luis XVI decidió rodear París con un muro y clarificar la recolección de impuestos integrando algunos suburbios como Chaillot, Villiers y Charonne.

El encargado de realizar este proyecto fue su arquitecto, Claude-Nicolas Ledoux. La nueva muralla de 24 km de longitud abarcaba 3400 hectáreas y englobaba a 600 000 habitantes. Fue la sexta muralla construida en París (véase página 332). Se componía de un muro de tres metros de altura por un metro de ancho, con un camino de ronda de 12 m. Estaba rodeada hacia el exterior por una zona de 100 m donde no se podía construir que englobaba un bulevar de 30 m plantado con árboles. El impuesto se percibía en las 55 "barreras" de entrada, 24 de las cuales estaban acondicionadas con viviendas donde habitaban los cobradores y controladores. Claude-Nicolas Ledoux concibió un diseño arquitectónico «clásico», de un lujo injustificado teniendo en cuenta la función que debía cumplir la muralla. El lujo y el elevado costo de las expropiaciones de los terrenos, provocaron enormes desfases presupuestarios a partir de 1798. A pesar de la Revolución y de sus destrozos, la muralla fue acabada y entró en servicio en 1790. Hubo muchas –y violentas– reacciones en contra de este «mur murant Paris qui rend Paris murmurant» [muro que encierra París y que hace murmurar a París] (Victor Hugo). Se le achacaron todos los males, incluso el de impedir la circulación del aire causando problemas de salud a los habitantes.

Al comprobar que el muro no hacía descender el fraude (ni siquiera en un 20 %), la Asamblea Nacional decidió suprimir el *octroi* y la *Ferme Générale* el 1 de mayo de 1791. Debido a los problemas de financiación de la ciudad de París, el *octroi* tuvo que ser restablecido en 1798. En 1860, la recaudación del impuesto fue trasladada a las puertas de las nuevas fortificaciones que habían sido construidas en 1840, y los edificios de Ledoux fueron demolidos, excepto cuatro, que aún subsisten hoy en día: las barreras de Chartres (en el Parc Monceau), de la Villette, du Trône (en la Nation) y d'Enfer (Place Denfert-Rochereau). El *octroi* fue definitivamente suprimido en 1943.

POLONIA

Una biblioteca olvidada

20, rue Legendre
01 43 80 10 06
Martes a sábado, tarde y noche
Metro: Malesherbes, Villiers o Monceau

El antiguo restaurante Polonia esconde una pequeña maravilla. En el cuarto piso de esta mansión, la asociación polaca Concorde, encargada de la gestión del lugar, restauró en mayo de 2003 una sublime biblioteca que sus anfitriones le enseñarán con mucho gusto. El ascensor está averiado y la escalera es empinada, pero no se arrepentirán.

En algún momento de su historia, esta sala albergó una antigua capilla y una logia masónica. Aunque ya no quedan libros, se conserva la magnífica decoración neogótica: madera tallada, pinturas, techos artesonados y una magnífica chimenea. Un piano aguarda en un rincón a que alguien se decida a tocar. La sala se puede alquilar por 500 €, con posibilidad de solicitar un servicio de platos fríos del restaurante.

LA TOWER FLOWER DEL JARDÍN DE HAUTS-DE-MALESHERBES

Flower power

8, rue Stéphane-Grappelli y 23, rue Albert-Roussel
Metro: Wagram (a 10 minutos caminando)

Los jardines de Hauts-de-Malesherbes, inaugurados en marzo de 2005 en los terrenos baldíos de la Gare Saint-Lazare, son una sorprendente creación contemporánea que impresionará al visitante. Las obras, dirigidas por el célebre arquitecto Christian de Portzamparc, destacan especialmente por el increíble edificio vegetal, que fue bautizado la Tower Flower (la torre flor). Esta extraordinaria construcción es obra del arquitecto E. François y del botánico P. Blanc.

A lo largo de toda la fachada, los balcones están invadidos de grandes macetas blancas repletas de plantas y arbustos, creando la ilusión de que el propio edificio es una inmensa flor.

P. Blanc es el mismo paisajista que realizó, entre otros, el muro vegetal del Museo del Quai Branly y el del Hotel Pershing Hall (véase página 143). Frente al edificio-flor, el jardín se prolonga hasta un fragmento de la antigua muralla de Thiers (véase página 233).

Geografía de los teatros parisinos

Numerosos teatros parisinos se encuentran situados en la zona norte de los Grandes Bulevares. Ahí están el Teatro de Bouffes-du-Nord, el Teatro del Atelier, el Teatro Hébertot, el Teatro del Européen, etc.

La razón por la que se encuentran en este lado del bulevar se debe a la existencia de la muralla de Fermiers Généraux (también llamada *Muro del octroi*), delimitada a grandes rasgos por las líneas de metro 2 y 6 (véase página 321).

Más allá de esta muralla, los teatros eran considerados como de provincia, lo cual les autorizaba a montar las obras que iban a ser presentadas en los teatros de la ciudad cuarenta días antes de su estreno.

Al estar en las puertas de París, estos teatros disfrutaban de una buena afluencia de público, lo que les permitía contratar a los mejores actores de provincia.

LA CAPILLA REAL
SAINT-FERDINAND

Una capilla viajera

2, boulevard D'aurelle-de-Paladines
01 45 74 83 31 - paroissecompassion.fr
Todos los días de 9 a 18 h
Metro or RER: Porte Maillot

La Capilla Real Saint-Ferdinand, encajonada entre la circunvalación y el Hotel Concorde-Lafayette, se encuentra en un lugar poco común para una iglesia, ya que este mausoleo, consagrado en 1843, no se encuentra en su lugar de origen. Inicialmente fue edificado en el emplazamiento del actual Palacio de Congresos, en memoria del Duque de Orléans, Ferdinand-Philippe (hijo mayor del Rey Luis Felipe), que murió en este mismo lugar en 1842, a la edad de 32 años. Los caballos de su carruaje se desbocaron, y el joven duque fue proyectado violentamente lejos del vehículo.

Cuando se construyó el complejo del Palacio de Congresos, en 1968, la capilla fue desplazada piedra por piedra a su emplazamiento actual, labor que duró dos años. Aunque éste no era el mejor lugar para instalar una capilla, con el traslado ganó una cripta parroquial de ecléctico diseño, con planta de cruz griega.

Las vidrieras, obra de los arquitectos Fontaine y Lefranc, fueron realizadas a partir de dibujos de Ingres. Hay un detalle sorprendente: los rostros de los santos pintados en las vidrieras están claramente inspirados en los miembros de la familia real. Se reconocen, los rasgos del Rey Luis Felipe en la imagen del santo que lleva su nombre, San Luis.

QUÉ VER EN LOS ALREDEDORES
Villa des Ternes

96, avenue des Ternes
39, rue de Guersant
Metro: Porte Maillot

Esta magnífica villa agrupa un gran número de pequeñas avenidas de magníficas propiedades privadas rodeadas de jardines: las avenidas de la Chapelle, des Arts, Yves-du-Manoir, des Pavillons y la de Verzy. En esta última, en el número 11 bis, al igual que en el número 13 de la avenue Yves-du-Manoir, se construyeron viviendas sociales. Hubo presiones por parte de los residentes de la villa para que se revocara la autorización, pero el proyecto prosperó. Las casas subvencionadas también fueron realizadas con una arquitectura de lujo. Los arquitectos (B. Bourgade y M. Londinsky), mediante un juego de escaleras abiertas y de tejados a dos aguas, dieron a todas las viviendas un aspecto individual. En el número 10 de la misma avenida, el arquitecto quiso copiar nada más y nada menos que el Palacio de Darío en Susa. Un alto relieve es todo lo que queda...

LA CITÉ DES FLEURS

Cuando se creó, cada proprietario tenía que plantar tres árboles de flor

154, avenue de Clichy
59, rue de la Jonquière
Metro: Brochant o RER: Porte de Clichy

Esta vía privada (abierta al público) es un sublime oasis que ha logrado sobrevivir en medio de París. Cuando fue creada, en 1847, cada propietario tenía la obligación de plantar tres árboles de flor en su jardín. Desde entonces, los árboles han crecido y ahora resulta muy placentero recorrer este conjunto de viviendas de arquitectura heterogénea y ambiente campestre. La Cité se encuentra a pocos pasos del animado y populachero distrito de la avenue de Clichy.

QUÉ VER EN LOS ALREDEDORES

El museo masónico

8, rue de Puteaux
01 53 42 41 41
gldf.org
Visitas el 3ª miércoles de cada mes a las 15 h, previa cita
Metro: Rome

Ideal para conocer algo acerca de la francmasonería. Es posible visitar dos templos y la biblioteca, donde se reúnen más de 100 000 obras sobre la francmasonería, el esoterismo y los fenómenos paranormales.

La Cour Saint-Pierre y la Cité Lemercier

47, avenue de Clichy y 28, rue Lemercier
Metro: La Fourche

Estas dos vías privadas –abiertas a los visitantes– comparten el mismo ambiente provincial donde parece que se ha detenirdo el tiempo. La Cour Saint-Pierre está constituida por pequenos edificios de dos pisos, perfectamente alineados a ambos lados de una calle adoquinada y adornados con flores por los propios residentes. La Cité Lemercier, por su parte, se compone de casas individuales dotadas de jardines particulares. Jacques Brel sucumbió al encanto de este callejón privado donde vivió durante algún tiempo, en el Hôtel du Chalet.

El square Nicolay

77 bis, rue Legendre

Es una plaza privada con un agradable jardín interior que se puede ver a través de la reja. El otro lado de la plaza da a la rue des Moines.

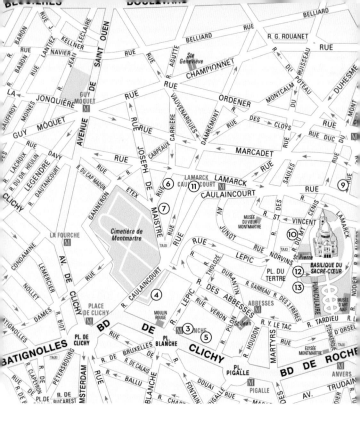

18° Arrondissement

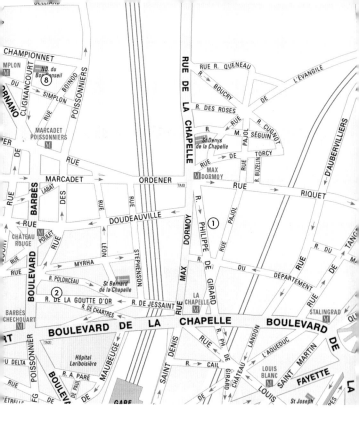

EL TEMPLO HINDÚ
SRI MANIKA VINAYAKAR ALAYAM

Un viaje al corazón del hinduismo

17, rue Pajol
9:30 a 20.30 h, tres poojas al día (10, 12 y 19 h)
Ceremonia de baño (abhishekam): viernes-domingo
01 40 34 21 89
templeganesh.fr - srimanicka@yahoo.fr
Acceso libre
Metro: Marx Dormoy, La Chapelle o Gare du Nord

No es necesario coger un avión para viajar a lugares exóticos. En París, un simple billete de metro basta para adentrarse en los complejos y ricos rituales de la religión hindú. El templo Sri Manika Vinayakar Alayam, consagrado a Ganesha (dios con cabeza de elefante, hijo de Shiva), es el único templo hindú de la capital. Fue fundado en 1985 gracias al tesón de un hombre, M. Sanderasekaram, que al llegar a París constató el sufrimiento de su comunidad. Desarraigada y dispersa (algo más de 100 000 personas en Francia), esta debía practicar el culto en sus hogares, ante altares domésticos. Fue por ello que, siguiendo el ejemplo de otros miembros de su familia (ver más abajo), M. Sanderasekaram fundó el templo de Sri Manika Vinayakar Alayam, que rápidamente se convirtió en el lugar de encuentro de la comunidad tamil de Sri Lanka en París. Aunque el lugar se ha quedado pequeño para acoger a todos los fieles, el visitante es recibido con curiosidad y extraordinaria gentileza. A todos los presentes en las ceremonias de los sábados y domingos se les ofrece generosamente una comida vegetariana.

Los Sanderasekaram son una familia de auténticos constructores de templos: el padre, además de una estatua, hizo construir en Jaffna (Sri Lanka) un templo dedicado a Ganesha. El hermano hizo lo propio en Londres y la sobrina en Australia.

La *pooja* es un ritual hindú que los fieles practican cada mañana, después de haberse lavado y vestido. Aunque el ritual varía dependiendo de cada uno, generalmente incluye el rezo de un mantra particular, y ofrendas de comida y bebida a los ídolos de las divinidades elegidas. El ritual *Abhishekam* es una ceremonia basada en el baño: la estatua de la divinidad es desvestida y rociada con agua; luego con leche, miel, agua de rosas y cuajada, con el fin de purificarla. Una vez vestida, se cubre de guirnaldas de flores.

QUÉ VER EN LOS ALREDEDORES
La Villa Poissonnière ②

41, rue Polonceau y 42, rue de la Goutte-d'Or
Metro: Château Rouge o Barbès-Rochechouart

La Villa Poissonnière, edificada en 1840 en pleno corazón del distrito de la Goutte-d'Or, es una linda callejuela adoquinada y con árboles, bordeada de casitas y jardines. Se entra por una discreta puerta cochera, que da a la rue de la Goutte-d'Or. La otra entrada, por la rue Polonceau, suele estar cerrada.

LA VILLA DES PLATANES

③

A la sombra de los plátanos en flor...

58, boulevard de Clichy
Metro: Blanche o Pigalle

Entre peep-shows y sex shops, el boulevard de Clichy nos reserva alguna que otra sorpresa. Por ejemplo, en el número 58, la Villa des Platanes es un lugar de ensueño, que lamentablemente suele estar cerrado por una verja.

Edificada en 1896 por el arquitecto Deloeuvre, la villa se compone de dos patios a los que se accede pasando bajo un techo artesonado. En el primero de ellos, una bella escalera de formas curvas conduce a un segundo patio rodeado de edificios y a un hermoso jardín aislado del mundo.

QUÉ VER EN LOS ALREDEDORES
El número 7 del Impasse Marie-Blanche ④
Entre la rue Cauchois (número 19) y la rue Constance (número 9) se encuentra el encantador Impasse Marie-Blanche. En el número 7 hay una casa sorprendente: fue construida en 1835 y tiene una fachada rosada de estilo medieval con su torrecilla de almenas y sus traviesas de madera.

La Cité du Midi ⑤
48, boulevard de Clichy
A dos pasos de la Villa des Platanes se encuentra otro paraíso perdido que hace olvidar el ruido y los comercios del bulevar. Aún se puede ver la fachada de cerámica blanca de los antiguos baños públicos de Pigalle.

La fundación de los jesuitas en Montmartre
El 15 de agosto de 1534, Ignacio de Loyola, acompañado por Francisco Javier y otros cinco compañeros, se dirigió a la Capilla del Martyrium, construida en el lugar donde supuestamente fue martirizado Saint Denis. Después de celebrar una misa en la cripta, en el momento de la comunión, los asistentes hicieron voto de pobreza, castidad y mutua consagración a la salvación de las almas. Así nació la Compañía de Jesús, más conocida como la hermandad de los Jesuitas. La capilla fue destruida durante la Revolución, y luego se reconstruyó en el número 11 de la rue Yvonne-le-Tac, donde se piensa que se encontraba originalmente.

Las lámparas de Cocteau
El Studio 28 (10, rue Tholozé), inaugurado en 1928, es el cine en funcionamiento más antiguo de París. Las lámparas de la sala principal fueron diseñadas por Jean Cocteau.

QUÉ VER EN LOS ALREDEDORES

Las cerámicas del 43 bis de la rue Damrémont ⑥

Se puede entrar al edificio de lunes a viernes 9 a 18:30 h
Cerrado (con código en la entrada) sábado, domingo y festivos

En la entrada de este edificio, obra de Coinchon (1910), hay doce maravillosos paneles de cerámica separados por columnas de mármol, con imágenes de niños jugando (saltando a la cuerda, lanzando bolas de nieve, izando cometas...). En el fondo se ve la colina de Montmartre. Estos mosaicos, la mayoría de ellos obra de Francisque Poulbot, datan de 1910 y han sido declarados patrimonio histórico.

Les Fusains ⑦
22, rue de Tourlaque

El barrio de artistas Les Fusains, lamentablemente cerrado desde el robo de las estatuas del jardín interior, es uno de los más bellos de París. Los talleres fueron construidos con materiales de la Exposición Universal de 1889, y acogió a famosos artistas como Renoir y Derain.

Saint Denis y los nombres de las calles de Montmartre

A mitad de la rue Girardon una placa recuerda la leyenda que cuenta que Saint Denis (San Dionisio), decapitado en la colina bautizada desde entonces Mont des Martyrs, tomó la cabeza entre sus manos y caminó hasta el lugar donde actualmente se encuentra sepultado, a 8 km de distancia. Allí fue erigida una basílica que lleva su nombre. Más arriba, junto a la place du Tertre, las rues Rustique y Saint-Éleuthère evocan los nombres de dos diáconos que promulgaron el cristianismo junto a él.

El verdadero origen de la palabra «Bistro»

Sobre la fachada del restaurante La Mère Catherine, en la Place du Tertre en Montmartre, se puede leer una popular leyenda que explica el origen de la palabra bistro (restaurante): «El 30 de marzo de 1814, los cosacos gritaron aquí por primera vez su famoso 'bistro', y, en esta colina (Montmartre), nació entonces el digno ancestro de nuestros cafés». Si es cierto que «bistro» en ruso significa «rápido», parece ser que la graciosa anécdota no es cierta.

LA PISCINA DE AMIRAUX

Una piscina en una vivienda social con forma de pirámide

6, rue Hermann-Lachapelle y 13, rue des Amiraux
Horario de apertura: paris.fr/equipements/piscine-des-amiraux-2944
Metro: Simplon o Marcadet Poissonniers

La piscina de Amiraux pone en práctica un concepto arquitectónico típico de comienzos del siglo XX, basado en la idea de «higiene» de las viviendas de protección social. Fue diseñada por el arquitecto Henri Sauvage como parte de un programa de viviendas destinadas a la clase trabajadora, encargado por el HBM (la oficina de vivienda social de la Ville de Paris). El edificio tiene un diseño piramidal. Los siete pisos escalonados proporcionan a cada vivienda una iluminación óptima y una terraza-jardín. En la parte central de la pirámide el arquitecto había pensado instalar un cine, pero la Ville de Paris prefirió la piscina. Las obras comenzaron en 1922; los primeros residentes se instalaron en 1925 y la piscina fue inaugurada en 1930. Después de muchas remodelaciones, hoy forma parte del inventario de monumentos históricos. Tiene una superficie de 33 m × 10 m y dos plantas de pasillos con cabinas individuales. Los muros interiores y exteriores están recubiertos de baldosas de cerámica blanca similares a las del metro parisino, lo que contribuye a crear un ambiente un tanto anticuado, con ese estilo «retro» que tan bien ha sabido explotar el cineasta Jean-Pierre Jeunet. Sucumbiendo al encanto retro de la piscina de Amiraux, el cineasta filmó aquí una escena de su película Amelie. Siguiendo el mismo principio, Henri Sauvage construyó otro edificio escalonado en la Rue Vavin, en el distrito VI (véase página 113).

Una misa en arameo, la lengua de Cristo

La misión caldeana de París (13-15, Rue Pajol) celebra todos los domingos, a las 11 h, una sorprendente misa en arameo, la lengua de Cristo. El rito caldeano, vinculado al catolicismo, nació en Turquía en el siglo XVI. Información: 01 42 09 55 07.

La residencia de artistas más grande de Europa

Montmartre aux Artistes - 187-189, rue Ordener

Montmartre aux artistes, con sus 184 talleres, es la residencia de artistas más grande de Europa. Concebida a comienzos del siglo XX por Louis Lejeune (1884-1969), ganador del Gran Premio de Roma de escultura en 1911, ésta acogió a sus primeros habitantes en 1933, cuando el proyecto estaba apenas comenzando. El acceso a la zona es libre y se puede contemplar la bella arquitectura, aunque los talleres, de propiedad privada, no están abiertos al público.

QUÉ VER EN LOS ALREDEDORES

Los mosaicos de la pescadería de la rue Ramey ⑨

La antigua pescadería situada en la esquina de la rue Ramey y de la rue du Baigneur, está decorada con bellos mosaicos. Acordes con el lugar, representan imágenes de pesca.

Los jardines silvestres de Saint-Vincent ⑩

17, rue Saint-Vincent
Visitas guiadas en primavera y en verano - 01 71 28 50 56

Este terreno de 1500 m², que durante mucho tiempo permaneció abandonado, fue siendo invadido paulatinamente por la maleza, las plantas silvestres y arbustos que atrajeron a su vez animalillos de diferentes especies. Los diseñadores de jardines de la Ville de Paris vieron en este terreno la oportunidad de preservar la flora y la fauna, y de mantener la biodiversidad en pleno corazón de Montmartre. Se limitaron entonces a consolidar la pendiente del terreno, a crear un pequeño estanque y a acondicionar un sendero para que los visitantes pudieran disfrutar del lugar sin causar estropicios. El resultado es magnífico.

Las cerámicas del 59 de la rue Caulaincourt ⑪

La entrada de este edificio privado está decorada con bellos azulejos, que representan una serie de mujeres jóvenes a orillas del mar, en los viñedos, sosteniendo una sombrilla o una regadera. Detrás de la entrada hay un pequeño y agradable jardín interior.

EL CEMENTERIO DEL CALVARIO (12)

Un cementerio que abre un solo día al año

2, rue Mont-Cenis
Abierto al público el Día de Todos Los Santos (1 de noviembre) y durante las
Jornadas del Patrimonio y la Jornadas de los Jardines
Diríjase a la Conservación del Cementerio de Montmartre (01 53 42 36 30)
Metro: Abbesses

El cementerio del Calvario, situado en la Iglesia Saint-Pierre de Montmartre, es el más singular de la capital; sólo abre un día al año, el Día de todos los Santos. El cementerio lleva ese nombre debido a que se encuentra junto a un calvario erigido en 1833 al exterior de la iglesia Saint-Pierre de Montmartre. Fue creado en 1801 como cementerio parroquial (ver abajo), para reemplazar a un primer cementerio acondicionado en 1688 (si consideramos que la fundación de un cementerio corresponde a la creación de las primeras tumbas y no a la de una fosa común) y destruido durante la Revolución. Aunque abrió sus puertas tres años antes que el cementerio del Père-Lachaise, el cementerio del Calvario, contrariamente a lo que se cree, no es el más antiguo de París; el cementerio judío portugués del *Arrondissement* XIX es anterior, (véase página 349) ya que data de 1780. El cementerio del Calvario fue cerrado una primera vez en 1823 y definitivamente en 1831, cuando las autoridades de Montmartre abrieron el cementerio Saint-Vincent (aunque se celebraron algunos entierros en 1828, 1830 y 1831...).

Tiene 85 tumbas muy similares y de gran sencillez, que equipararon en la muerte a las familias aristocráticas del actual *Arrondissement* IX (Montmartre bajo) con las familias humildes del Montmartre alto. Entre los difuntos famosos se encuentra el navegante Bougainville. Contrariamente a lo que dice la leyenda, d'Artagnan no está enterrado en el cementerio del Calvario y Pigalle fue enterrado aquí, pero su sepultura desapareció durante la Revolución.

QUÉ VER EN LOS ALREDEDORES
El Calvario de Montmartre ⑬
2, rue Mont-Cenis
Abierto el día de la fiesta de la parroquia, en junio
01 46 06 57 63

Edificado en 1833 por el Abad Ottin, el Calvario de Montmartre es un Vía Crucis concebido para conmemorar la Pasión de Cristo. Es uno de los lugares más secretos y singulares de la capital. Tiene nueve estaciones, así como una roca en el que se ha instalado una gruta artificial que simula el Santo Sepulcro (lugar de la muerte y resurrección de Jesucristo). A pesar de las indulgencias que el Papa brindó al lugar, el calvario no atrajo a muchos peregrinos y el Abad tuvo que abandonar sus funciones. La construcción del Sacre-Coeur le privó de una parte del terreno, y dos estaciones del Vía Crucis tuvieron que ser desplazadas.

Un corto paseo por Montmartre lejos del gentío

Aunque la colina de Montmartre puede atestarse rápidamente de insufribles hordas de turistas, la parte más pintoresca permanece a salvo de las masas. Saliendo de la encantadora estación de metro Lamarck-Caulaincourt y, subiendo las escaleras, se topará con la avenue Junot, una de las más bellas de París.

En el **número 15**, el arquitecto austriaco Adolf Loos (1870-1933) construyó en 1926 la **Maison Tzara** para el poeta dadaísta Tristan Tzara. En ella queda patente el rechazo del arquitecto hacia toda forma ornamental.

En el **número 23**, la **Villa Léandre** –nombre de un humorista de Montmartre–, se aprecia el particular encanto de un conjunto de casas de baja altura de estilo anglo-normando, construidas en ladrillo y cubiertas de hiedra. En el fondo, observe la puerta del número 4, que reproduce las aspas de un molino: es una evocación del pasado de Montmartre.

A la altura del número 21 se encuentra el **passage Lepic-Junot**, también llamado Pasaje de la Bruja, que atravesaba el antiguo «maquis de Montmartre» (monte de Montmatre). Aquí se ve una enorme piedra en medio de la vía y una pista de petanca reservada a los miembros del club, pero si lo pide amablemente podrá entrar a tomar algo en el bar y distraerse observando a los jugadores.

A continuación, descienda hasta la calle Lepic y al girar a la izquierda verá fácilmente el Moulin de la Galette, que es, junto con el Moulin Radet, uno de los últimos molinos que quedan en París (aunque este último ya no está en su emplazamiento original).

Remontando la avenida, a la izquierda, se vuelve a dar con la avenue Junot. El número 1 alberga una de las más bellas residencias privadas de París. Hasta hace algunos años, la presencia de la Mira del Norte, declarada patrimonio histórico, permitía entrar en este fantástico lugar, repleto de viñas y de conejos correteando al pie del Moulin de la Galette. El pequeño teatro situado ante la entrada de la residencia dispone de sofás para parejas...

Vaya un poco más adelante, hasta el número **11 de la avenue Junot**, para ver la **aldea de los Artistas**, que comunica la avenue Junot con la rue Lepic (en el número 75) y que por lo general permanece cerrada. Regrese al inicio de la avenue Junot para ver la **place Marcel-Aymé**, que esconde la sorprendente estatua de un hombre atravesando una muralla. Fue colocada aquí en homenaje a la novela de Marcel Aymé, *Le passe-muraille*.

Descendiendo por la rue de l'Abreuvoir, a la derecha, un gran parque silvestre sirve de marco para algunas viviendas y talleres de artistas. Es una especie de Villa Médici en medio de París: por un módico precio los artistas extranjeros pueden alquilar durante un año entero talleres de 60 a 100 m².

Un poco más abajo, la **place Dalida** ofrece una espléndida vista del Sacré-Coeur, probablemente la más pintoresca de todo París. Antes de remontar hacia la derecha, en dirección de las *viñas,* acaricien el generoso pecho de la cantante, para que dentro de unos años tenga el mismo brillo que el seno de Julieta en Verona. El metro está a pocos pasos de aquí.

La puerta del número **45 de la rue Lepic**, da hacia un callejón interior –no hacia un edificio–, en el que hay talleres de artistas y artesanos.

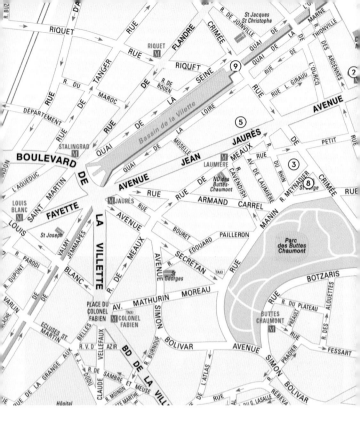

19° Arrondissement

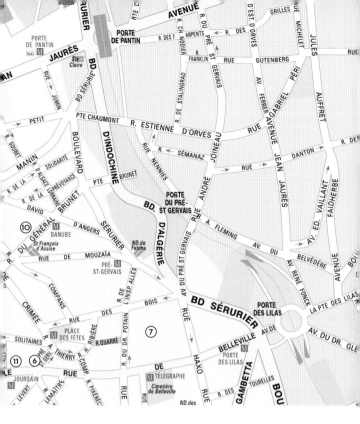

CEMENTERIO JUDÍO PORTUGUÉS ①

Un cementerio entre viviendas sociales

44, avenue de Flandre
Metro: Stalingrad o Riquet
Consistorio israelí de Francia: 17, rue Saint-Georges
Jacques B'Chiri: 01 40 82 26 90 - 06 09 21 15 04
Metro: Notre Dame de Lorette

Si no fuera por el discreto cartel de información histórica, nada indicaría que detrás del imponente edificio del número 44 de la avenue de Flandre se encuentra un pequeño cementerio de 35 m por 10 m. Rodeado de edificios, el terreno alberga una decena de lápidas y dos sarcófagos, cuyas inscripciones aún son visibles a pesar del paso del tiempo. La historia de este cementerio ilustra el ostracismo al que fue condenada la comunidad judía durante el Antiguo Régimen. Junto con los protestantes, los comediantes y los suicidas, los judíos no podían ser enterrados en los cementerios. Un tal Camot, propietario del albergue de la Étoile, situado en el número 46 de la avenue de Flandre, permitió a los judíos enterrar a sus difuntos en el jardín, con la condición de que lo hicieran en secreto y pagando 50 francos por los adultos y 20 por los niños. En 1780, la comunidad judía sefardí, de origen portugués, compró dos jardines y creó el cementerio judío portugués. La iniciativa fue de Jacob Rodríguez Pereire, agente de la nación judía portuguesa en París, que había obtenido una pensión de Luis XV para ocuparse de la educación de los sordomudos. Los entierros fueron autorizados por el

rey, con la condición de que se hicieran «por la noche, sin escándalos ni ceremonias». El lugar fue finalmente abandonado en 1810, después que Napoleón abriera todos los cementerios a la comunidad judía. Este museo, declarado monumento histórico, está administrado por el Consistorio Israelí de Francia.

Para visitarlo, pida las llaves del cementerio en el servicio Hévra Kadicha (El Último Deber) del Consistorio.

La rotonda de la Villette es uno de los cuatro pabellones que subsisten de la antigua barrera del *octroi* (impuesto) finalizada en 1790. También se pueden ver las barreras de Chartres (en el Parque Monceau), del Trône (en la Nation) y del Enfer (Place Denfert-Rochereau) (véase página 321).

EL MUSEO DE LOS COMPAGNONS ②
DU TOUR DE FRANCE

Las obras maestras de los Compagnons (artesanos)

Entrada por el restaurant Aux Arts et Sciences Réunies - 161, avenue Jean-Jaurès
01 42 40 53 18
Abierto mediante solicitud, y cuando los responsables del restaurante tienen tiempo...
Metro: Ourcq

El Museo de los Compagnons está ubicado en la parte trasera del restaurante Aux Arts et Sciences réunis. Es el edificio más antiguo de los compagnons (artesanos) de Europa, y en él se reúnen las obras maestras del compagnonnage que fueron exhibidas en la Exposición Universal de 1900. Los compagnons que dan la vuelta a Francia (ver abajo), se siguen alojando en el local del restaurante, que originalmente fue su cantina.

Compañerismo y masonería

Compagnons du Devoir (Compañeros del deber) es una organización de maestros artesanos cuyo origen se remonta a una época anterior a la Edad Media, a los tiempos del emperador Numa Pompilio (715 a.C. – 673 a.C.) y los artesanos de la Antigua Roma. La contribución de Numa al desarrollo y a la expansión del Imperio romano se basó en la creación de los 31 primeros *collegia fabrorum*, corporaciones de oficio formadas por arquitectos y artesanos impregnados de religión y de filosofías antiguas.

Entre los siglos VI y VIII, los *collegia fabrorum* ejercieron una importante influencia en las órdenes monásticas europeas y en las instituciones bizantinas por su conocimiento en hermetismo y neopitagorismo. Fue en aquella época cuando muchos compañeros se convirtieron a la religión cristiana (principalmente a la tradición benedictina) para escapar de la Inquisición. Sin embargo, muchos acabaron colgando los hábitos. Estos monjes, creadores de las obras maestras más importantes de Europa (catedrales, palacios y castillos), desaparecieron poco a poco para reaparecer de nuevo en el siglo XV como maestros de obra sin afiliación religiosa.

Estuvieron en activo hasta mediados del siglo XVII, momento en que volvieron a desaparecer hasta que resurgen en el siglo XVIII (1717), pero de una manera simbólica, basándose en afirmaciones especulativas masónicas que les declaran herederos tradicionales de la masonería operativa de antaño. Es por esto por lo que los símbolos y rituales del compañerismo y de la masonería tienen tantos elementos en común, a pesar de su diferencia de base.

Las leyendas del compañerismo hacen referencia a tres fundadores míticos de los Compañeros del Deber: el rey Salomón, el *maître* Jacques (maese Jacobo) y padre Soubise. La leyenda salomónica es especialmente importante en los mitos de los compañeros del "deber de la libertad", pero su origen es posterior y al parecer llegó a los talleres de los compañeros a finales del siglo XVIII o principios del XIX. La leyenda se basa en un mito masónico del arquitecto fenicio Hiram Abiff, al servicio del rey Salomón, y se extendió a los rituales de las distintas corporaciones de compañeros. Para estas, los hombres que Dios puede utilizar para ejecutar sus obras son llamados en el Antiguo Testamento los hijos del carcaj (Salmos 127:5).

Según la leyenda principal, maître Jacques aprendió a tallar la piedra siendo niño, antes de emprender un viaje a los 15 años. A los 36 años llegó al lugar donde se construía el templo de Salomón en Jerusalén. Allí se convirtió en maestro de obra de los masones y de los carpinteros. Se dividió el trabajo con su compañero de viaje

Soubise, quien más tarde sería conocido en Francia con el nombre de *père* (padre) Soubise.

Los relatos bíblicos sobre la construcción del templo del rey Salomón en Jerusalén no hablan ni de Jacques ni de Soubise. Sin embargo, los relatos históricos medievales legendarios sobre la construcción de la catedral de la Santa Cruz de Orleans describen la presencia en las obras de construcción de ambos maestros de obra, Jacques Moler y el benedictino Soubise, quienes tuvieron que hacer frente a una huelga de los obreros que acabó en una terrible pelea y luego en una escisión. Parece que esta leyenda se basa en hechos históricos posteriores, es decir, en la separación entre los compañeros católicos y los protestantes, y en cómo estos últimos destruyeron el capitel de la catedral de Orleans en 1568.

Los obreros de la construcción del número 97 bis de la rue de Crimée ③

En la sorprendente fachada del número 97 bis de la rue de Crimée, los habituales atlantes clásicos han sido reemplazados por obreros en plena faena.

La Butte Bergeyre: un islote en medio de la ciudad

Rues Georges-Lardennois, Rémy-de-Gourmont, Edgar-Poe, Philippe-Hecht, Barrelet-de-Ricou
Miércoles y domingo 14:30 a 17:30 h

Construida hacia 1927 en el emplazamiento de un antiguo parque de atracciones ("les Folles Buttes"), la Butte Bergeyre es un islote en medio de la ciudad. Casi invisible desde la calle, está ubicado en lo alto de una colina entre las rues Simon-Bolivar, Manin y Mathurin-Moreau. La presencia de canteras impidió que hubiera un desarrollo urbano muy denso. Por eso sólo se ven lindas casas, algunas viñas y un jardín compartido por sus habitantes. Conscientes de su suerte, los residentes se esfuerzan por conservar la tranquilidad del lugar, que se encuentra a tan sólo 90 m por encima del caos...

El gimnasio Jean Jaurès

87, avenue Jean-Jaurès - 01 42 08 57 11
Uso restringido a clubes y asociaciones

Tómese el tiempo para ir a este bello gimnasio y solicitar permiso en la recepción (generalmente lo hacen) para echar un vistazo. Fue construido a partir de una antigua estructura metálica de la Galería de Máquinas de la Exposición Universal de 1878, similar al famoso hangar Y de Meudon (véase la guía *Banlieue de Paris insolite et secrète*, de la misma editorial). Mas tarde, en 1913, fue ampliado por el arquitecto Gautier. En un principio fue denominado Gimnasio de Alemania, pero después de la guerra, al igual que la rue d'Allemagne, cambió su nombre por el de Jean-Jaurès.

El número 13 de la rue des Fêtes

Acceso habitualmente restringido por un teclado numérico

Cerca de las torres de hormigón de la place des Fêtes, la rue des Fêtes esconde, en el número 13, una ciudad-jardín paradisíaca edificada a comienzos del siglo XX en el jardín de una mansión que aún existe (número 11). Se accede por un pasaje angosto que desemboca en un conjunto de viviendas maravillosas rodeadas de vegetación. Para disfrutar de la glorieta, de las terrazas floridas, de los árboles y del ambiente provincial que preserva este islote, lo mejor es ir los días de «puertas abiertas» de los talleres de Belleville: el lugar, que por lo general permanece cerrado, alberga numerosos artistas.

Las rues Émile-Desvaux y Paul-de-Kock

Estas dos calles están estrechamente ligadas. Paul-de-Kock empieza en el número 4 de la rue Émile-Desvaux y luego se convierte en un callejón con unas escaleras ubicadas en el número 30 de la misma calle. Las dos forman un conjunto heterogéneo de casas de los años 20 con mucho encanto.

LA IGLESIA
SAINT-SERGE-DE-RADOGÈNE

*Una extraordinaria iglesia ortodoxa escondida
en lo alto de una colina*

*93, rue de Crimée
09 51 32 01 66
Visperas sábado 18 a 20 h, liturgia domingo 10 a 12 h
Metro: Laumière o Ourcq*

La Iglesia Saint-Serge-de-Radogène, probablemente una de las iglesias con más encanto de París, se encuentra pasando la verja del número 93 de la Rue de Crimée (al final del callejón), en lo alto de una pequeña colina y oculta detrás de una hilera de árboles.

Insólita y exótica, esta iglesia ha sido el punto de encuentro de dos religiones y de dos historias. Fue edificada en 1861, en el distrito sur de Buttes-Chaumont, por iniciativa de un pastor luterano de la comunidad obrera alemana que emigró a Francia. Estuvo consagrada a la religión protestante hasta la declaración de la guerra de 1914, que obligó a los trabajadores alemanes a volver a su país. Fue entonces confiscada por el gobierno francés, y permaneció abandonada hasta 1924, fecha en que fue comprada por la Iglesia Ortodoxa rusa y la comunidad rusa que escapó de la revolución bolchevique. Este cambio de asignación hizo necesarias algunas remodelaciones arquitectónicas, ya que el culto protestante no tiene un interés especial en la decoración ni en las imágenes religiosas. Se añadió entonces una escalera exterior de madera para acceder a la iglesia, y se decoró con frescos realizados por Dimitri Stelletsky que representan a los santos padres de la fe ortodoxa.

Las puertas de las dos plantas de la iglesia fueron cubiertas con magníficas escenas religiosas, y en el ala derecha del edificio se añadió un carillón con arcadas típicamente rusas.

Lo mas sorprendente, sin embargo, aguarda en el interior de la iglesia: entre el inevitable aroma de cirios e incienso, en medio de la penumbra y de sus muros enteramente cubiertos de frescos, se encuentra un iconostasio con más de una centena de iconos representados y un juego de puerta reales, auténticas obras del siglo XVI procedentes de la escuela de Moscú. Sublime.

QUÉ VER EN LOS ALREDEDORES

El Pont de Crimée: el último puente levadizo de París ⑨

Al final de la cuenca de La Villette, donde comienza el canal de l'Ourcq
Opera las 24 horas del día, todos los días de la semana

Construido en 1885 por la compañía que instaló los ascensores de la Torre Eiffel, el Pont de Crimée, también llamado Puente de Flandres, es el último puente levadizo que queda en París. Cuando pasan los barcos, una serie de ruedas articuladas sobre columnas griegas levantan literalmente la calzada. Para contemplar el espectáculo, que parece de otra época, los peatones pueden utilizar la pasarela vecina, ubicada a la altura idónea.

EL BARRIO DE LA MOUZAÏA

Las canteras de América

Distrito localizado en el anillo formado por la línea de metro 7bis
Metro: Danube

Aunque los amantes de la Mouzaïa no se ponen de acuerdo sobre las dimensiones de este curioso barrio del distrito XIX, en lo que sí concuerdan es en que tiene un encanto extraordinario. El distrito de la Mouzaïa, delimitado por las estaciones de metro Botzaris, Danube, Saint-Gervais y Place des Fêtes, tiene un nombre exótico que hace pensar en Argelia, aunque el ambiente que se respira en sus calles se acerca más al de un pueblito francés.

Este encantador barrio fue anexionado por la Ville de Paris en 1860. Está ubicado en una colina agujereada como un queso de gruyere debido a que hasta 1872 se explotaron sus canteras de selenita. Algunos dicen que la Casa Blanca de Washington y la Estatua de la Libertad fueron construidas en parte con el material extraído de este lugar (razón por la que, como lo recuerda una calle cercana, la colina fue llamada durante algún tiempo «Cantera de América»).

Sin embargo, parece ser que esta historia, a pesar de ser muy romántica, carece de fundamento. Esta cantera ocasionó una gran fragilidad del terreno, lo que impidió la construcción de proyectos inmobiliarios de gran envergadura. Aunque primeramente se pensó en la instalación de un mercado de caballos, finalmente se destinó a la construcción de viviendas individuales de arquitectura sencilla (casas de dos niveles). La mayoría de ellas tiene un jardincillo en la parte delantera y un patio en la trasera, y se encuentran ubicadas a ambos lados de una veintena de calles... Lo mucho que tardó en realizarse este proyecto (casi cuatro décadas), permitió diversificar el estilo arquitectónico de las casas. Aunque en un principio estaban destinadas a albergar familias obreras, ahora las disfrutan unas pocas familias privilegiadas.

QUÉ VER EN LOS ALREDEDORES
La Cité du Palais-Royal-de-Belleville ⑪
151, rue de Belleville

Escondida trás dos patios contiguos, la Cité du Palais-Royal-de-Belleville es un magnífico conjunto de lindas casas erigidas a ambos lados de una tranquila calle arbolada. Este tipo de calles divididas en parcelas era típico del barrio obrero de Belleville. El nombre pomposo del lugar viene, según los habitantes de la cité, de los decorados del Teatro del Palais Royal, que al parecer fueron almacenados aquí durante algún tiempo.

No lejos de este lugar, en el número 13 de la rue de la Villette, la Villa de l'Adour, creada en 1817 con el nombre de Villa Barthélemy, es otro callejón con mucho encanto.

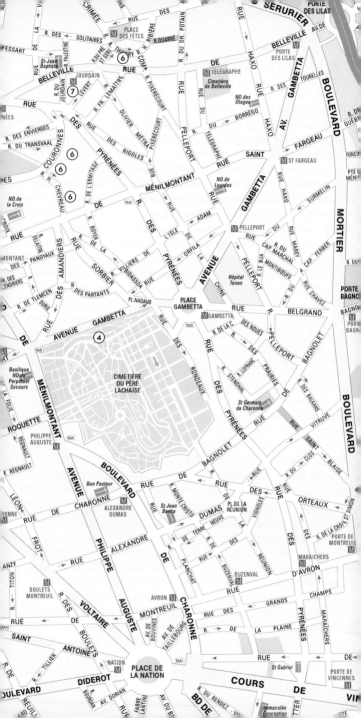

20° *Arrondissement*

LAS HUERTAS

Una huerta para descansar

8, rue du Repos

Los habitantes del número 8 de la Rue du Repos tienen la increíble suerte de poseer uno de los espacios verdes más sorprendentes de París. Tras cruzar un primer patio interior, una puerta se abre sobre un pasillo que lleva, al pie del muro del cementerio del Père-Lachaise, a una extraordinaria huerta compuesta de una docena de parcelas privadas. Está provista de todo: regaderas, rastrillos e incluso un espantapájaros para amedrentar a los cuervos del cementerio que aguardan tras el muro.

Atención: es un lugar privado y no se puede visitar. La única manera de entrar es pidiéndole a uno de los habitantes, como favor excepcional, que le invite a pasar.

Los viñedos de París

La región de París tiene una antigua tradición vinícola que, debido al crecimiento demográfico, a la urbanización, a la plaga de la filoxera y a la abundancia de vinos de otras regiones, fue declinando progresivamente. Aún se encuentran, sin embargo, algunas huellas de este pasado en los nombres de las calles: rue du Pressoir, rue des Vignes, rue des Vignoles, rue Vineuse... El distrito de la «Goutte d'or» también debe su nombre a un vino de la Edad Media; y el «guinguet» de Belleville dio el suyo a las famosas guinguettes (mesones) a orillas del río Marne. Además del famoso viñedo de Montmartre, aún se encuentran numerosas viñas diseminadas por la capital:

• Square Félix-Desruelles, 168 bis, boulevard Saint-Germain (iglesia Saint-Germain-des-Prés). 12 cepas plantadas en 1993
• Jardín del presbiterio de la iglesia Saint-François-Xavier (véase página 147)
• En el parque de bomberos de la rue Blanche (XIX *Arrondissement*, véase página 185)
• En la bodega del bar de vinos Jacques Mélac (XI *Arrondissement*)
• En el parque de Bercy (XII *Arrondissement*)
• En el parque Georges-Brassens (XV *Arrondissement*)
• En el Ayuntamiento del *Arrondissement* XVI
• En los jardines del Trocadéro, bajo el Museo del Hombre (XVI *Arrondissement*)
• En el parque de Bagatelle (XVI *Arrondissement*)
• En la rue Georges-Lardennois (XIX *Arrondissement*, 200 cepas)
• En el jardín de Belleville (XX *Arrondissement*, 200 cepas)

EL JARDÍN NATURAL

Plantas silvestres en el corazón de París

120, rue de la Réunion
*Lunes a viernes 8 h hasta la puesta de sol, sábado, domingo y festivos 9 h hasta
la puesta de sol*
Información y reservas en el 01 43 28 47 63
Metro: Alexandre Dumas

Al final de la rue de la Réunion, junto al cementerio del Père-Lachaise, hay un pequeño jardín público muy distinto a los demás.
Aquí no hay rebuscadas composiciones florales ni un césped cuidadosa-

mente podado. El Jardín Natural (a semejanza del Jardín de Saint-Vincent de Montmartre) es un espacio libre donde las plantas crecen espontáneamente. La fauna y la flora se manifiestan sin la intervención del hombre: está prohibido regar y desbrozar. Desde la creación del jardín, los agentes encargados de su mantenimiento han procurado observar la evolución de la vida sin intervenir con medios artificiales. Algo más lejos, hay una charca rebosante de tritones y pequeños renacuajos que nadan apaciblemente entre lirios y demás plantas acuáticas. La maleza y el césped están señalizados con carteles que indican los nombres de las especies animales y vegetales presentes en cada zona del jardín.

QUÉ VER EN LOS ALREDEDORES

La Villa Riberolle, la Villa Godin y la Cité Aubry ③

A pocos pasos del Jardín Natural, existen otros lugares que apreciarán quienes busquen ambientes campestres: la Cité Aubry es un encantador pasaje de forma curva, que alberga un centro cultural alternativo, el Goumen Bis. Un poco más lejos, en el número 35 de la rue de Bagnolet, la Villa Riberolle es una de las más interesantes del distrito (se puede acceder fácilmente entre semana; sábados y domingos está cerrada con una reja). El encanto de la rue de Lesseps también merece el paseo, sin olvidar que, justo al lado, se encuentra la agradable Villa Godin, con sus casitas y jardines a ambos lados de un callejón adoquinado.

El relieve parisino

Montmartre: 130 m. El punto más alto de París
Belleville: 128, 5 m. El punto más alto del este parisino está en el número 40 de la rue du Télégraphe*
Ménilmontant: 108 m
Buttes-Chaumont: 80 m
Passy: 71 m
Chaillot: 67 m
Montparnasse: 66 m
Butte-aux-Cailles: 62 m
Montagne Sainte-Geneviève: 61 m

* Aprovechando la altura de la colina de Belleville, Claude Chappe realizó aquí experimentos con su sistema telegráfico en 1792-1793. Al principio, los habitantes del distrito creyeron que trataba de enviar mensajes secretos a la familia real, que estaba encarcelada en la prisión de Temple. Chappe salvó su vida escapando precipitadamente después de destruir, en un arranque de rabia, todas sus instalaciones. Los nombres de la calle y del metro cercano conmemoran estos eventos.

EL MURO DE LOS FANTASMAS ④

Un muro fantasmagórico

Square Samuel-Champlain
Metro: Gambetta

Junto al cementerio Père-Lachaise, el square Champlain alberga un extraño muro. Entre las piedras hay unos rostros fantasmagóricos sorprendentemente realistas, que luchan por salir de la pared. Se distingue a un obrero, un sacerdote, un *fédéré* (miembro de la milicia de la Comuna), e incluso a una madre con su hijo en brazos. Alrededor hay numerosos impactos de bala. Construido en 1909 por Paul Moreau-Vautier (1871-1936), el muro recuerda a las víctimas de las revoluciones. Fue erigido con las piedras originales de la pared donde fueron fusilados los últimos insurgentes de la Comuna. La pared original está en el cementerio Père-Lachaise. Una placa recuerda el episodio, durante el cual unos 2000 miembros de la Comuna fueron fusilados.

La Comuna de París hace referencia al período revolucionario de setenta y dos días que tuvo lugar en París, entre marzo y mayo de 1871. Al igual que en muchas otras ciudades de Francia (Marsella, Lyon, Saint-Étienne, Toulouse, Narbonne, Grenoble y Limoges), tras la derrota contra Prusia, los insurgentes se rebelaron contra el gobierno de Thiers, cuya sede estaba en Versailles. Intentaron fundar comunas obreras y un gobierno proletario.

La placa de la rue Stendhal

En Charonne, la placa de la rue Stendhal califica curiosamente al célebre escritor de *littérateur* (gacetillero). ¿Sería una simple cuestión de gusto por parte de los ediles de la época?

QUÉ VER EN LOS ALREDEDORES
La campaña en París ⑤

Rues Irénée-Blanc, Jules-Siegfried, Paul-Strauss y alrededores
Metro: Porte de Bagnolet

A 100 m de altura y a pocos metros de la circunvalación, la «Campagne à Paris» es un pequeño distrito parisino que hace honor a su nombre. A semejanza del barrio de la Mouzaïa, en el distrito XIX (véase página 357), se ganó este nombre gracias a la inestabilidad del suelo. Las canteras de selenita ablandaron el terreno, impidiendo la construcción de grandes edificios. Las calles que delimitan el conjunto llevan los nombres de sus fundadores: Jules Siegfried, Paul Strauss e Irénée Blanc (presidente). Estas tres personalidades se reunieron a comienzos del siglo XX para formar una asociación (société immobilière la Campagne), y construir pequeñas casas individuales destinadas a las clases desfavorecidas. En total, se construyeron 85 casas, cada una de ellas dotada con un pequeño jardín. La inauguración oficial tuvo lugar en 1926.

El agua, fuente de numerosos nombres de calles

La historia del agua en el este de París también se ha visto reflejada en la toponimia de las calles: las rues des Cascades, des Rigoles, de la Mare, de la Duée (un antiguo manantial), de Savies (otro manantial) deben su nombre directamente al uso del agua.

¿Por qué el agua sabe diferente según el distrito?

Actualmente, el agua de los manantiales representa aún la mitad de los recursos de agua potable de la ciudad. Estos manantiales tienen un contenido de minerales diferente dependiendo de su origen geográfico. Por eso, inevitablemente, el agua tiene una calidad y un sabor diferente según el distrito.

¿Qué es un regard?

Con el fin de preservar la pureza del agua desde su nacimiento hasta su destino final, se construyeron unas estructuras subterráneas de piedra que llegaban hasta las reservas. Estaban situadas en edificios que rápidamente fueron bautizados *regards* (mirillas), debido a que permitían controlar el estado de los conductos que transportaban el agua.

Belleville: una geografía casi única

Durante el gran desarrollo urbanístico del siglo XIX, el barón Haussmann dividió Belleville en dos. Es por ello que los *Arrondissements* X, XI, XIX y XX coinciden en un punto, a semejanza de lo que ocurre con los estados de Nuevo México, Arizona, Colorado y Utah en Estados Unidos, y con los departamentos franceses de Alpes-de-Haute-Provence, Vaucluse, Bouches-du-Rhône y Var (véase *Provence insolite et secrète*, de la misma editorial).

LOS *REGARDS* DEL ESTE DE PARÍS ⑥

Regards *anacrónicos*

17, rue des Cascades (Regard des Messiers)
42, rue des Cascades (Regard Saint-Martin)
36-38, rue de la Mare (Regard de la Roquette)
213, rue de Belleville (Regard de la Lanterne - siglo XVI)

A partir del siglo XII, con el fin de abastecer de agua potable a París, los nacimientos de agua de la meseta de Belleville fueron canalizados. Aunque actualmente están secos, cuatro *regards (*mirillas), vestigios anacrónicos de épocas anteriores, han sobrevivido al paso del tiempo despertando la curiosidad de los parisinos. Dos de ellos llevan el nombre de la congregación religiosa que los construyó: el Regard Saint-Martin, que alimentaba a la Abadía Saint-Martin-des-Champs; y el Regard de la Roquette, que abastecía al convento de las religiosas de la Roquette y Saint-Antoine-des-Champs. El Regard de la Lanterne debe su nombre al linternón que decora la parte superior; y el Regard des Messiers al nombre de los guardias que vigilaban las cosechas (ver el mapa). Existe otro Regard similar en el Pré-Saint-Gervais (ver la guía *Grand Paris insolite et secret*, de la misma editorial).

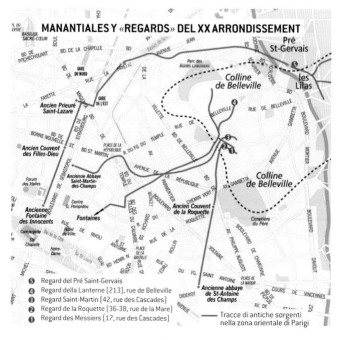

MANANTIALES Y «REGARDS» DEL XX ARRONDISSEMENT

⑤ Regard del Pré Saint-Gervais
④ Regard della Lanterne (213), rue de Belleville
③ Regard Saint-Martin (42, rue des Cascades)
② Regard de la Roquette (36-38, rue de la Mare)
① Regard des Messiers (17, rue des Cascades)

Tracce di antiche sorgenti nella zona orientale di Parigi

APROVISIONAMIENTO DE AGUA POTABLE DE PARÍS

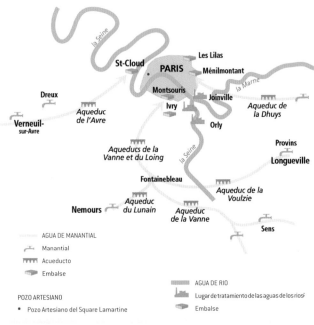

la Seine

Les Lilas

St-Cloud **PARIS** Ménilmontant

Montsouris la Marne

Dreux

Ivry Joinville

Verneuil- *Aqueduc* *Aqueduc de*
sur-Avre *de l'Avre* Orly *la Dhuys*

Provins

Aqueducs de la Longueville
Vanne du Loing la Seine

Fontainebleau

Aqueduc de la
Voulzie

Nemours *Aqueduc*
du Lunain *Aqueduc*
de la Vanne Sens

AGUA DE MANANTIAL

Manantial

Acueducto

Embalse

AGUA DE RIO

POZO ARTESIANO

Lugar de tratamiento de las aguas de los rios

• Pozo Artesiano del Square Lamartine

Embalse

El agua que abastece a París: una red compleja y variada

Actualmente, París se abastece de agua de tres fuentes: los ríos, el agua subterránea de la capa freática (extraída con pozos artesianos, véase página 307) y los manantiales.

- **Los ríos** (Sena y Marne). Estas aguas se tratan en tres plantas situadas en Orly, Ivry y Joinville. Cuando no existían las depuradoras, los ríos eran la forma más simple de obtener agua potable. Pero estas aguas, contaminadas por la actividad de curtidores, carnicerías y tintorerías, en realidad no eran aptas para su consumo. Con Napoleón I, la construcción del canal del Ourcq y de la cuenca de la Villette brindaron una nueva fuente de abastecimiento a la zona norte de la ciudad. El agua era luego transportada hacia el oeste hasta Monceau por un acueducto que rodeaba París, pasando por la Villette.

- **Los pozos** proporcionaban un agua de mejor calidad. Inicialmente no eran muy profundos (4 a 5 m), y como las calles aún no estaban pavimentadas, la contaminación se filtraba fácilmente, inhabilitando estas aguas para el consumo. En el siglo XIX, se empezaron a cavar pozos artesianos para buscar agua a profundidades de hasta 600 metros, resolviendo así el problema de la contaminación. Debido al descenso en los caudales (véase página 307), sólo el pozo Lamartine sigue operativo.

- La tercera solución fue encauzar **los manantiales** hacia París con sofisticados acueductos. Los primeros fueron acueductos galo-romanos: uno captaba las aguas de Rungis (véase página 265) y el otro en Belleville. Entre los siglos XII y XIV, las órdenes religiosas de la orilla derecha usaron los manantiales del este de París (ver el mapa), y construyeron acueductos subterráneos y miradores (*regards*) que aún siguen en pie (ver arriba). Más tarde, María de Médici hizo construir el famoso acueducto Médici (véase página 265) al sur de París. Por muy anacrónico que parezca, cinco acueductos siguen operativos hoy: el de la Vanne (construido sobre el antiguo acueducto Médici que pasa por Arcueil), el del Loing, el de Lunain y el de la Voulzie, al sur de la ciudad; el del Avre pasa por el oeste. En el noreste, el acueducto de Dhuis canaliza 20 000 m³ de agua diarios (cerca del 5 % del aprovisionamiento total) a lo largo de 131 km. El funcionamiento de un acueducto es simple: la diferencia de nivel entre el origen y el destino permite llevar el agua a cualquier lugar.

Actualmente, casi toda el agua que se consume en París proviene de manantiales. El agua potable de la ciudad, independientemente de su origen, se almacena en cinco depósitos: Les Lilas, Ménilmontant, Montsouris, Ivry y Saint-Cloud. Existen otros depósitos en París, pero el agua no es potable.

Un paseo rural por los patios interiores y pasajes de la zona norte del distrito XX

La zona norte del distrito XX ha logrado conservar buena parte de su entorno tradicional. En esta parte de la ciudad hay varios rincones campestres desconocidos, y patios interiores comunicados que no se alcanzan a ver desde la calle.

18, rue de Belleville: tras un patio y un corredor, hay una hilera de talleres rodeados de vegetación.

23, rue Ramponeau: la Forge de Belleville. Antigua fábrica de clavos, que inicialmente fue ocupada de forma ilegal por una asociación de artistas (Arclefs), y que actualmente ha sido rehabilitada por la Asociación La Bellevilleuse para acoger a artistas.

38, rue de Belleville: sorprendente hilera de cuatro patios interiores. Intente acceder, cuando entre un inquilino.

Villa Castel, 16, rue du Transvaal: el ambiente provincial del lugar sirvió de escenario a algunas escenas de la mítica película Jules et Jim, de François Truffaut.

Cité Leroy, Villa de l'Ermitage y Cité de l'Ermitage: encantadoras callejuelas rodeadas de lindas casas.

17, rue du Retrait: salga de la Cité de l'Ermitage por el pasaje curvo que desemboca en el número 113 de la rue de Ménilmontant, y remonte la calle hasta cruzarse con la rue du Retrait.

Cité du Palais-Royal-de-Belleville: 151, rue de Belleville. Aunque oficialmente está en el distrito XIX (véase página 357), no se la puede perder.

Villa Olivier-Métra: 28, rue Olivier-Métra. Lindo callejón privado, abierto a los visitantes discretos y cerrado en el extremo opuesto por una enigmática puerta de hierro.

Villa Georgina (nombre de la hija del propietario): encantador islote de casas antiguas y sus pequeños jardines.

Villa du Borrégo: 33, rue du Borrégo. Lindas casas irregulares rodeadas de vegetación, construidas a lo largo del depósito de Belleville.

QUÉ VER EN LOS ALREDEDORES

La plantas africanas del 10 de la rue du Jourdain ⑦

Algunos edificios, que datan de 1885, dan hacia un jardín donde abundan las especies africanas. Fueron traídas a Belleville por los soldados senegaleses que se instalaron aquí al final de la Primera Guerra Mundial.

El único paso a nivel de París ⑧

En una calle un tanto sórdida del distrito XX, la rue Lagny, un paso a nivel –el único en París– permite a los vagones de la línea 2 de metro aparcar en las inmediaciones para ser reparados.

ÍNDICE ALFABÉTICO

ÍNDICE ALFABÉTICO

NOTAS

. . . .
. . . .
. . . .
. . . .
. . . .
. . . .
. . . .
. . . .
. . . .
. . . .
. . . .
. . . .
. . . .
. . . .
. . . .
. . . .
. . . .
. . . .
. . . .
. . . .
. . . .
. . . .
. . . .

NOTAS

. . . .
. . . .
. . . .
. . . .
. . . .
. . . .
. . . .
. . . .
. . . .
. . . .
. . . .
. . . .
. . . .
. . . .
. . . .
. . . .
. . . .
. . . .
. . . .
. . . .
. . . .

NOTAS